【文庫クセジュ】

ペリクレスの世紀

ジャン=ジャック・マッフル著
幸田礼雅訳

白水社

Jean-Jacques Maffre, *Le siècle de Périclès*
(Collection QUE SAIS-JE? N°437)

目次

序論

トゥキュディデスの証言は明快である。ペリクレスは四二九年〔以下時代は西暦前のものなので、見出しなど必要な場合をのぞいて本文中では「前」を省いた〕、ペスト〔実はチフスだったろう〕にかかって没した。軍事的紛争が起こったばかりの当時のアテネは、この病気に犯されていた。慣例上この紛争はペロポネソス戦争と呼ばれているが、実際にはギリシア世界の大半がこの戦いに熱くなっていた。ペリクレスは四九〇年頃生まれ、四六〇年から四二九年までのおよそ三〇年のあいだ、生地アテネで政治上重要な役割をいくつか果たした。肩書きとしてはストラテギアすなわち将軍職という肩書きしかもたず、それもわずか九年間のことであったが、その職務を同じ肩書きをもつ九人の同僚とわかちあいつつ全力で遂行した。彼は当時としては最も急進的な民主主義の信奉者が集まる多数党の指導者として働いたが、といって彼ばかりがこの都市で政治的影響力をふるったわけではない。アテネはたしかに五世紀にはいって政治、経済、芸術、哲学等の歴史において第一級の立場にあったが、その世紀末つまりアイゴスポタモスイの戦い[1]でスパルタに敗れて以後ただちに、アテネは大敗後の多大な困難を味わうこととなった。ペリクレスは王でもなければ親王でもなく、皇帝でもない。どこかの国を支配したこともない。二五〇〇平方キロそこそこの一都市を統治したにすぎない！　寿命がとくに長いわけでもない。最終的な結果だけで判断するならば、彼はアテネをそれ自身にとっては不幸な、ギリシア世界の大部分にとっては破局的な戦争に陥れたのである。

（1）アテネ軍とスパルタ軍の両艦隊が戦ったペロポネソス戦争最後の海戦（四〇五年）。これによってアテネは、海上の支配権を事実上失った〔訳註〕。

こうした条件において、なぜ人びとは「ペリクレスの世紀」を、アウグストゥスの世紀やルイ十四世の世紀と同じように語ろうとするのか？　そもそも「ペリクレスの世紀」という言葉を最初につかったのは誰か、ということを知るのは容易ではない。ただその言葉の起源を推測することや、それが受け入れられ、もてはやされるようになった理由を推察することは簡単である。『ルイ十四世の世紀』の冒頭においてヴォルテールは、「芸術が完成され、人間精神の偉大さにおいて画期的となりかつ後代の模範となった四つの幸福な時代」を挙げ、次のような分析をはじめる。

これら四つのうち第一の時代は、真の栄光とむすばれた時代であり、同時にフィリッポスとアレクサンドロスの時代、ペリクレス、デモステネス、アリストテレス、プラトン、アペレス、フィディアス、プラクシテレスを頂いた人びとの時代である（巻末参考文献VL、七頁）。

五ないし四世紀の複数の人物を一緒くたにするのはいささか大胆にすぎるし、そのなかで彼は筆頭におかれてはいない。にもかかわらず、とくに「ペリクレスの世紀」について話そうという観念は、年代にやかましい歴史家たちの心にすでに芽生えていた。のみならず古代人たちは、ペリクレスその人だけでなくそのとりまきや、同時代の芸術的作品をも称える道を大きく開いていた。

政治家としての経歴が短かったにもかかわらず、というかまさにの短さと悲劇的な死のゆえに、ペリクレスは同時代人ばかりでなく、後代のアテネ人から称揚された。これらの人びとはノスタルジーをもって、彼の時代をアテネにとって最も輝かしい時代と考えた。五世紀末、はやくもペリクレスを最初に賞賛した歴史家トゥキュディデスは、雄弁家あるいは政治家としての才能を駆使して彼が及ぼした影響力を称え、「一身にあつめた尊敬と、知性と、混じりけのない廉直さによって、彼は権力を掌握し、それによって自由な民衆にさえ引きずられることなく彼らを抑えた。彼こそが彼らを導いたのだ。彼こそが、デモクラシーの名において政治を行なった最初の市民だった」(『トゥキュディデス』、第二巻、第六五章、TR1、二〇九頁)。のちにみるようにペリクレスはこの権力をアテネにたいしてばかりでなく、アテネがその大艦隊を恐ろしいまでに効果的に駆使して併呑し、傘下におさめた小アジアとエーゲ海の無数の島々や都市からなる「支配圏」にたいしても行使したのである。

これだけでも彼がいかに卓越した立場にあったかが理解されよう。彼は四六〇年から四三〇年までの三十年間でギリシア世界における最も強力だった都市の、「事実上の《デ・ファクト》」指導者であった。そればかりではない。三四九年、デモステネスは第三『オリュントス演説』[1]で「五世紀のアテネ人は、……四十年間にわたって君臨し、ギリシア人はその覇権を容認した」(§二四)と述べ、さらに次のような賛嘆の叫びをもって演説をしめくくった。

（1）マケドニアのフィリッポスに攻撃された都市オリュントスを救うために、デモステネスが行なった反フィリッポス演説は三編ある〔訳註〕。

まさにあの時代には、人民の意志によってかくもたくさんの記念建築物や聖所がたてられ、そしてそれらは後代のなんびとの凌駕も許さぬほど素晴らしい傑作の数々によって飾られたのです（§二五）。

つぎに祭り上げられるのは、ペリクレスの時代の芸術的事業だ。この点では四世紀半ののちのプルタルコスが、有名な著作で負けじと声を張り上げる。以下はそのはじまりの部分だ。

壮大で比類なく美しく優雅な建物がつぎつぎと建てられていった。芸術家たちはこぞって仕事の腕前で相手をしのごうと懸命に努力した。だがもっと驚くのは、仕事の速さだった。そのどれ一つとっても完成までには数世代の時間を要するような作品が、ただ一人の政治家が経歴の頂点にのぼりつめるまでの期間に完成をみたのである（『英雄伝』、一三、一－二）。

アテネのアクロポリスに建つこうした傑作には、プルタルコスはペリクレスの存命中に活躍したアテネ人のアイスキュロス、ソフォクレス、エウリピデスをはじめさまざまな劇作家によって書かれた傑作を加えることもできたであろう。

この頃、他のギリシア世界でいったい何がみられるだろう？　巨大建築物はとくに大ギリシア、シチリアのパエストゥウム、アグリジェント、あるいはペロポネソス半島のバッサエ＝フィガリア[1]にある。またエレウテライのミュロン、アルゴスのポリュクレイトス、タソスのポリュグノスといった彫刻家や絵画の巨匠もいる。文学、哲学、科学の大家としては、ハリカルナッソスのヘロドトス、クラゾメナイのアナクサゴラス、コスのヒッポクラテスがいる。だがアテネほど人口が集中し、多くの外国人たちの求心点となった都市はどこにも現われなかった。たとえばいま挙げたアナクサゴラス、アブデラのプロタゴラスを筆頭とするソフィストたち、アテネに数年間滞在したヘロドトス、アゴラを囲む柱廊の一つを部分的に飾ったポリュグノトスもいる。

（1）アルカディア南西部の古代ギリシア都市。近郊のバッサエには、十八世紀に発見されたドーリス式のアポロン神殿の廃墟がある。巻末参考文献GA、一三九〜一四〇頁〔訳註〕。

そうしたわけで、少なくとも五世紀中葉からその後の四半世紀を「ペリクレスの世紀」と呼ぶのは正当である。といってもこの時代のアテネの高揚は、それに先立つ半世紀によってのみ説明され、その命運はペロポネソス戦争が起こった最後の四半世紀において閉じられる。つまりわれわれは「ペリクレスの時代」をきわめて広い意味で理解しており、実はわれわれの関心は五世紀全体であり、しかもアテネばかりでなく、可能な限りギリシア世界全体に払われることになる。「可能な限り……」といったのは、われわれの資料が均一というにはほど遠いからである。アテネにかんしては他のポリスとくらべて情報は断然多い、というか一番不足していない。それでもアテネ史の多くの分野で闇の部分が数多く存続している。他の都市や地域について、残念ながら状況は一般的にきわめて悪いからである。

五世紀にかんするわれわれの情報資料とは、どういうものか？　いま挙げた留保条件を無視すれば、その数は多く、しかも多岐にわたるといえる。一般史としてはまず二人の大歴史家ヘロドトスとトゥキュディデスからはじまる文学的資料がある。それらは丸ごと、しかも注釈がついてわれわれの手にはいる。ヘロドトスの『調査』[1]はペルシア戦争をあつかい、トゥキュディデスの『歴史』はペロポネソス戦争（四一一年までで、以後は未完）をテーマとしている。彼らより後のギリシア人の歴史家たちは、たとえば四世紀に『ギリシア史』を書いたクセノフォンのように世紀末の歴史としてトゥキュディデスを引き継ぐか、あるいはシチリアのディオドロス（一世紀）が『世界史』第一一から一三巻にかけて行なったように、この世紀の事件の記述を自分の手で異本とするかの、いずれかであった。いわゆる「アッティドグラフ」、すなわちアッティカの年代記をのこしたギリシア人歴史家たちの断片的作品も忘れてはならない。そうした人びとのなかには『アッティカ記』を書いたヘッラニコスや、通称『ヘレニカ・オクシュリンコス』の無名作家がいる。後者の写本断片の一部はエジプトのオクシュリンコスで発見されたパピルスに書かれていて、四〇九年から四〇七年までの数々の事件を物語っていた。四世紀に活躍したスパルタの監督官《エフオロイ》やタオルミーナのティマイオス（三世紀、シチリア史にとって重要な歴史家）の文章、アッティカの雄弁家たちの演説（五世紀のアンドキデス、四世紀ではリュシアス、イソクラテス、デモステネス、エスキネス）

の多数の文章、さらにコルネリウス・ネポスのようなローマの歴史家の文章も若干含まれている。

（1）この時代には現代のような意味での「歴史」というジャンルは存在していなかった。日本語では「歴史」と意訳されているヒストリエーという古典ギリシア語は、「調査・探求」の意味である。巻末参考文献SH、一九〜二〇頁〔訳註〕。

歴史家というよりは道徳家のプルタルコス（西暦一〜二世紀）は豊富な情報を提供してくれる。彼はその著『英雄伝』において、五世紀のアテネの政治家六人（テミストクレス、アリステイデス、キモン、ペリクレス、ニキアス、アルキビアデス）にたいしてモノグラフィーを捧げた。彼の『リュクルゴスの生涯』はスパルタの政治社会体制を知るうえで貴重であるが、スパルタにかんしてはクセノフォンの『ラケダイモン〔スパルタの古名。ラケダイモン人とスパルタ人はほぼ同じと考えられてよいことについては、本書五六頁参照〕の政体について』という論考も教えられるところがある。哲学者アリストテレス（四世紀）は政体に大きな関心を寄せた。おかげでわれわれは、情報の宝庫である『アテネ「アテナイ人」の国制』[1]（アテナイオン・ポリテイア）を手にすることができる。このギリシア語とほとんど同じようなタイトルで、通常『アテネ人の共和国』と訳される僭主制を論じた小冊子も知られているが、これもクセノフォンの著作を通じて伝えられた[2]（もちろんその部分はクセノフォン作ではない）。そこでは著者は、アテネの民主制を批判しつつ、それがいかに機能するかを説明している。このような資料の豊富さはむろん有害ではないが、現代の歴史家にとってはときとして当惑の原因となる。なぜならばそれによってわれわれは、さまざまな古代の歴史家の相矛盾する説をとりあげることとなり、どうしても慎重にならざるをえなくなるからである。

（1）ポリテイアは「理想国家」のほか「市民権」の意にもなる〔訳註〕。

（2）この作品は長いあいだ、クセノフォンの作とされていたが、近年偽作とされるようになり、著者は「偽クセノフォン」と呼ばれるようになった〔訳註〕。

政治制度、外交、経済、宗教的慣習等の分野で、われわれが援用できるのは碑文である。碑文には、当然当時の事件や命令がそのまま伝えられているという、大きなメリットがある。たとえばアテネのアゴラで発掘が行なわれれば、デロス同盟の諸都市が納めた公租の記録が発見され、それによってこの同盟の機能の模様を把握し、その時間的変容を知ることができる（もっともその場合、記録の年代は確定されていなければならない）。その他エレクテイオン神殿〔アクロポリス上のイオニア式神殿で、四二一～四〇七年頃、ムネシクレスが建てたとされる〕建設にかかる費用を伝える碑文もあり、われわれは工事現場で働いた労働者の身元や払われた賃金なども知ることができる。

五世紀の大作家の大半にかんするわれわれの知識は、彼らが残した文章のなかで、その才能についてかなり正確な観念を直接あたえてくれるものに依存している。といっても、たとえば悲劇作品の多くはタイトルとか、その内容の断片でしかわれわれに知られていないものがある。他方大思想家、哲学者、ソフィストたちが書いた文章はすべて失われており、したがってわれわれはあらゆる類いの後代の作品に頼らざるをえなかった。なかでもディオゲネス・ラエルティウス（西暦三世紀か？）の『ギリシア哲学者列伝』からは、たくさんの得がたい情報を集めた。ただしソクラテスは、特異なケースである。彼は書くことは一切しなかったから、われわれはプラトンやクセノフォンらの弟子をつかって演出して見せた作品によってしか、ほとんどその思想を理解することはできない。

芸術作品の領域では遺跡とか作品そのものが、第一級の情報源となる。ただしそれは、それらが五世紀以来とだえることなく保存されている（たとえばアテネやその他の都市の神殿や彫刻的装飾など）とか、考古学的調査によって回復されたもの（大理石、聖堂、テラ・コッタ、陶器、貨幣など）といった場合のことである。またこれら二つの範疇に属する資料からは、当時の経済的関係について教えられるところが大きい。とはいえ五世紀の考古学的遺品には、制作者の署名はめったにない。制作者について多くを知ろうとすれば複数の時代にまたがる古文書を参照しなければならない。とくに二人のローマの作家すなわちアウグストゥス時代に『建築書』を書いたウィトルウィウスや、西暦一世紀に『博物誌』を著し、その第三四巻と第三五巻で古典彫刻と絵画の概観を示したプリニウス、さらに時代がくだって西暦二世紀半ば『ギリシア旅行記』を著したパウサニアスらの記述は重要である。こうした作家たちの証言は、本格的な絵画の解釈にとって不可欠である。なぜならばそうした絵画のオリジナルは、大半が支持体（板、テラコッタ、画布）とともに失われているからである。彼らの証言（たとえば神殿を飾る彫刻）は、しかじかの遺品がどういう既知の芸術家の手になるかを特定するのにも役立つし、全体が著しくいたんだ画像の意味をイコノグラフィックに解釈する助けとなることもある。石に刻まれた記録は、たとえば石像の台座ならそこに彫られた署名から、その作品がどういう彫刻家がどこで製作したものか（たとえばデルフォイかオリュンピアか）といった点を明らかにしてくれる。とくに古代作品の場合、像そのものは盗難に遭ったり、消滅したり（ブロンズは鋳直されたり、大理石は石灰窯にぶち込まれたりする）していることが非常に多い。

そういうわけでわれわれのペリクレス時代に対する視野は、資料がとうてい網羅的でない以上不完全にならざるをえない。しかもその量は膨大であり、詳細を厳密に語ることはおろか、限られた紙数のなかで五世紀のあらゆる様相を総合的にさえアプローチすることは厳密には不可能である。したがって選択を行なわなければならない。ではどのように選択するか？　そうした状況から、われわれの選択は、論理という導きの糸とむすばれた。多様にして豊かなこの時代について不完全きわまりない概念をあたえないようにするためには、主要な事件や第一級の人物を紹介し、アテネばかりでなくスパルタを始め他のポリスの制度を要約し、社会、経済、思想、心性、科学上の新発見（とくに医学の進歩）ばかりでなく、さらに当然ながらこの時代の最も純粋な至宝ともいうべき文学と芸術に触れなければならなかった。

のこる問題の一つは、地理的環境や文明の物質的な面（住居、衣服、食物等々）、もう一つは伝統的な宗教の状況、教育、習慣といった五世紀のギリシア人の日常生活全般にかかわる面である。ここでも資料の状況が形を変えて現われる。その意味でコレクション・クセジュのいくつかを挙げると、『ギリシアの宗教』フェルナン・ロベール著、*La religion grecque*（n° 1969, 3ᵉ éd., 1992）と、拙著『古典主義時代のギリシアの生活』*Vie dans la Grece classique*（n° 231, 2ᵉ éd., 1992）が挙げられる。前者は、当然ペリクレス時代の理解に有効なあらゆる一般論を提供し、後者は五世紀から四世紀におけるギリシア人の私生活のさまざまな局面を論じようとした著作である。本書においてわれわれは、日常生活、風俗、宗教一般にかんするテーマには、慎重に触れないようにした。そうした問題にかんして研究や文献をもとめる読者には、なにとぞいま挙げた二作を参照していただきたいと願うからである。

コレクション・クセジュで、有益な助けとなりそうないくつかの作品を挙げると、

J・R・プランク『古代の印象主義』*Les impressionismes antiques*（n° 320 ; 3e éd., 1967）.

Cl・モセ『ギリシアの政治原思想』*Histoire des doctrines politiques en Grece*（n° 1340 ; 2e éd., 1975）〔巻末参考文献CLG〕.

J・ブラン『ソクラテス』*Socrate*（n° 899, 1960 ; 10e éd., 1992）ならびに『ソクラテス以前の哲学者』*Les Presocratetiques*（n° 1319, 1968 ; 4e éd., 1989）.

G・ロメイエ＝デルベ『ソフィスト列伝』*Les Sophistes*（n° 2223, 1985 ; 2e éd., 1989）〔巻末参考文献RS〕.

R・フラセリエール『ギリシアの巫女と神託』*Devins et oracles*（n° 939, 1961）〔巻末参考文献RFG〕.

P・グリマル『古代の演劇』*Le théâtre antique*（n° 1732, 1978 ; 3e éd.,1991）〔巻末参考文献GK〕.

F・ロベール『ギリシア文学』*La littérature grecque*（n° 227 : 8e éd., 1979）.

M・トレデとS・サイド『古代ならびに古典ギリシア文学』*La littérature grecque d'Homère à Aristote*（n°227, 1990）.

五世紀の芸術を古代芸術とその後の世紀の芸術との関係において位置づけるためには、拙著『ギリシア芸術』*Art grec*（n° 2278 ; 3e éd., 1991）が一読に値するだろう。この本をとくにここに挙げた理由は、とりわけ芸術の領域における「ペリクレスの世紀」は、それを準備したものと、そこから生まれ出たものとの比較においてしか完全な理解を得ることは出来ないと考えられるからである。

テミストクレス（オスティア博物館）

ソクラテス（ナポリ博物館）

ヘロドトスとトゥキュディデス
（ナポリ博物館）

ヒッポクラテス
リヒター,858図,ナポリ博物館

図1　ペリクレスの時代に活躍した有名な五人の人物の像：
テミストクレス、ソクラテス、ヘロドトス、トゥキュディデス、ヒッポクラテス

第一章　ペルシア戦争からアカルナイ人の抗争まで

I　ペリクレス時代の黎明

五世紀を迎えるころのギリシア世界は、数百の都市国家の郡立によって形成されていた。それらの都市は、島嶼やエーゲ海に注ぐ二つの河の沿岸ばかりでなく、ギリシアからは遠く離れたイリュリア（現在のバルカン半島北西部の古地名）、イタリア半島南部、シチリア、コルシカ、ガリア南部（マルセーユ、アグドなど）、黒海周辺そしてキレナイカに分布していた。ギリシアの影響力は地中海地域のほとんどすべてに行き渡っていたのである。各都市国家（ギリシア語のポリス）は独立していて（本書四七頁参照）、その住民は通常三つの範疇、すなわち市民権をもつ唯一の階級である市民、居留外国人（アテネではメテイコイと呼ばれた）、そしていわば動く商品でしかない奴隷（本書五五頁参照）に別れていた。アルゴス、テーベ、アテネ、スパルタなど一部の都市は何世紀も前から存在していたが、わずか一、二世紀前とくに殖民地として建設された都市もあった。またコリントス、タソス、キレナイカ、シラクーサのように豊かに繁栄した都市もあった。

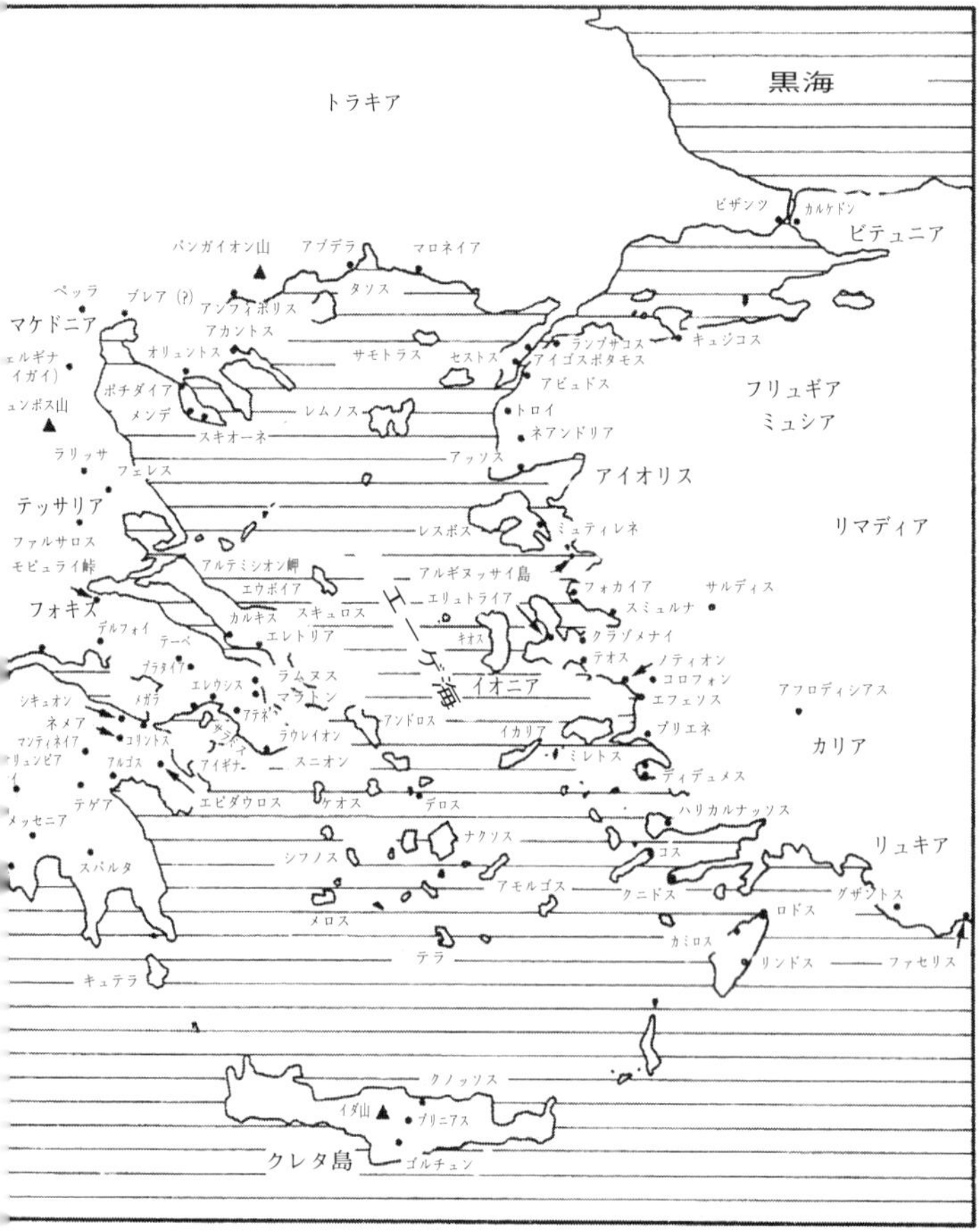
黒海
トラキア
ビザンツ
カルケドン
ビテュニア
パンガイオン山
アブデラ
マロネイア
タソス
ペッラ
ブレア（?）
アンフィポリス
マケドニア
アカントス
サモトラス
セストス
ランプサコス
キュジコス
アイゴスポタモス
アビュドス
オリュントス
ポチダイア
メンデ
レムノス
トロイ
フリュギア
ミュシア
ネアンドリア
スキオーネ
ラリッサ
アッソス
フェレス
アイオリス
テッサリア
レスボス
ミュティレネ
リマディア
ファルサロス
モピュライ峠
アルテミシオン岬
アルギヌッサイ島
エウボイア
エリュトライア
フォカイア
サルディス
フォキス
スキュロス
スミュルナ
カルキス
デルフォイ
エレトリア
キオス
クラゾメナイ
テーベ
テオス
ノティオン
プラタイア
ラムヌス
コロフォン
エーゲ海
イオニア
アフロディシアス
エレウシス
マラトン
エフェソス
シキュオン
メガラ
アテネ
ネメア
アンドロス
コリントス
プリエネ
マンティネイア
ラウレイオン
イカリア
ミレトス
カリア
アルゴス
アイギナ
スニオン
ディデュメス
エピダウロス
ケオス
テゲア
デロス
ハリカルナッソス
メッセニア
ナクソス
リュキア
スパルタ
シフノス
コス
アモルゴス
クニドス
グザントス
メロス
ロドス
カミロス
テラ
リンドス
ファセリス
キュテラ
クノッソス
イダ山
プリニアス
クレタ島
ゴルチュン

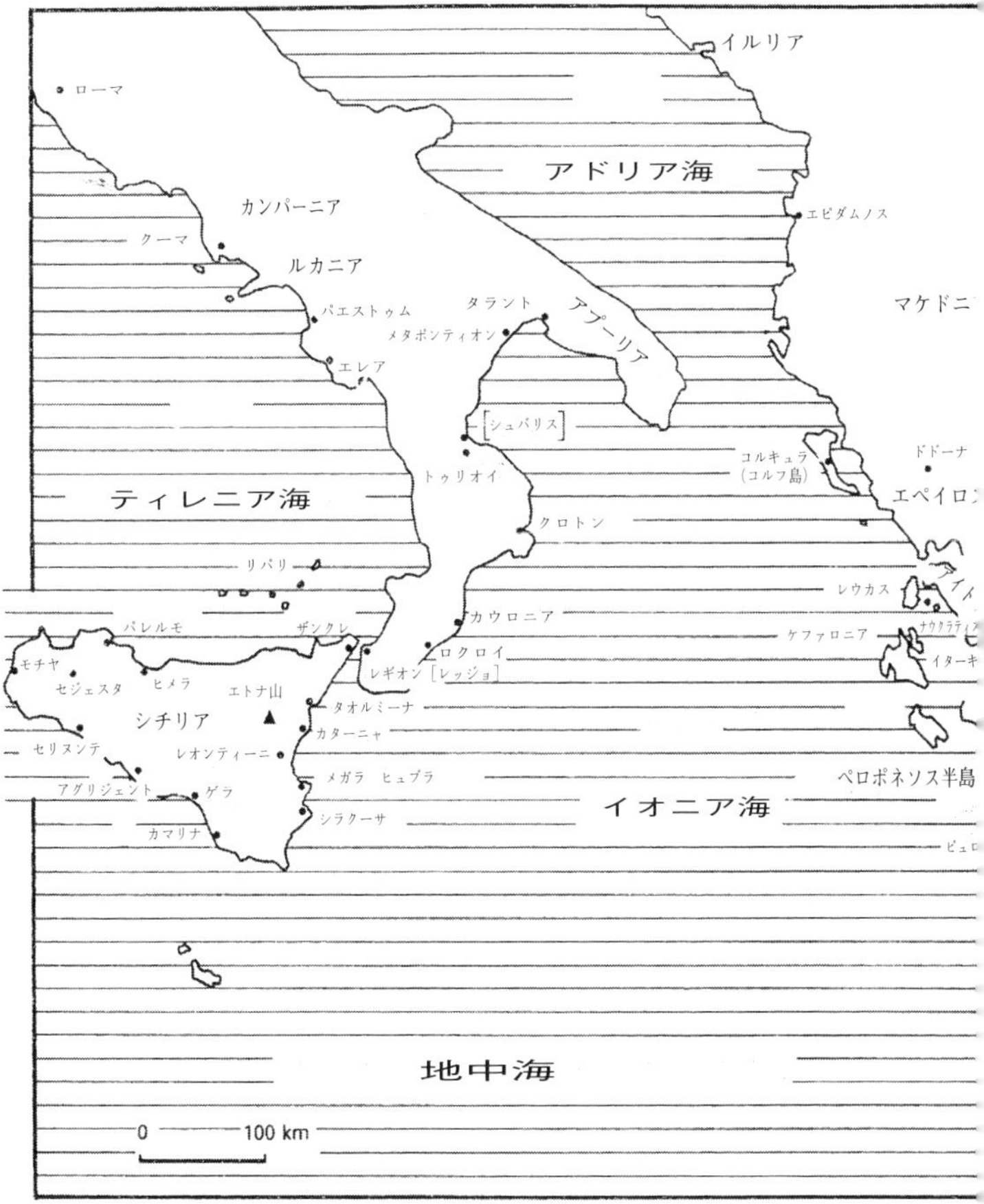

図2一前五世紀におけるギリシャ世界
シチリア、大ギリシア、ギリシア、小アジア

しかし大多数の都市は、慎ましいか貧しかった。都市の政治制度も、王政、寡頭制、民主制などさまざまであった。また小アジアのギリシア人都市（たとえばエフェソス、フォカイア、ミレトス、サモス）は、最近ペルシアの傘下にはいったばかりである。経済活動は、各都市がおかれた地理的状況とその規模に依存していた。ちなみにアテネとコリントスでは商業活動が最も重要な位置を占めるが、テーベでは農業、アルゴスでは牧畜が最重要産業であった。各都市国家は、都市部とコーラーと呼ばれる小集落地帯をふくみ、後者には郊外（市壁外の）の聖所と同様（本書四七～四八頁参照）、村落が分散していた。

ギリシア人はこうした多様な都市国家に住んでいたため、同じ言語と文化を共有する共同体に自分たちが属しているという感情がとくに大ギリシア競技会[1]のさいなどに発揮されたが、それはとうてい統一と友愛を実践するまでにはいたらなかった。上古以来あいつぐ激しい戦争でたとえばエウボニアではカルキスとエレトリアが、またペロポネソス南部ではスパルタとメッセニアが争った。少し前の五一〇年には、大ギリシア（イタリア半島南部にあたえられた名称）でクロトンがシバリスを滅ぼした。ギリシア中央部では、アイギナ島と隠然たる戦闘状態にあるアテネが、五〇六年にカルキスを破壊し、四〇〇〇人の占取植民《クレルコス》すなわちアテネ人の入植者で、籤引《クレロス》きで土地をあたえられた者〔この場合、入植者は母市の資格を失わないとされる〕を定住させた。とくに度量衡などの分野では、アテネの特殊な利益や慣習が、諸ポリスの控えめな統一化の企てを圧倒した。ただしラコニアとメッセニアを支配するスパルタは、ペロポネソス半島の大部分の諸都市（テゲア、マンティネイア、コリントスなど、ただしアルゴスはのぞく）やアイギナ島、メガラ島をあわせた軍事同盟《シュンマキス》を立ち上げることに成功した。

（1）古代中期のオリンピック。オリュンピア大祭ともいう。大祭は初期にはスタディオン走（一九二・二七メートル）のみで一日で終了した。のちしだいに競技種目も増え、紀元前四七二年には五日間の大競技会となっていた。参加資格のあるのは、健康で成年のギリシア人の自由人男子のみで、女、子供、奴隷は参加できなかった。不正を防ぐため、全裸で競技が行なわれた。勝者には勝利の枝と勝利を示すリボンが両腕に巻かれ、ゼウス神官よりオリーブの冠が授与され自身の像を神域にのこすことが許された〔訳註〕。

とはいえギリシア人だけが地中海に遍在していたわけではない。西ではエトルスク人やカルタゴ人が警戒の目で彼らをみていたし、東では大帝国ペルシア（面積三〇〇万平方キロメートル）がエーゲ海まで広がっていた。ペルシアはつい最近メソポタミア、アッシリア、フェニキア、エジプトからさらにクロイソス[1]のリュディア（五四六年から五四五年にかけて）、トラキア（五一〇年）までをも併合した。小アジア沿岸のギリシア人都市は五四六年以来リュディア王国に属し、みずからの自由は守りつつリュディアの君主と良好な関係において暮らしていた。これらの都市も五四六年から五四〇年までのあいだに、ペルシア人（メデス人）[2]の桎梏におかれた。彼らは専制的な権力をもって、ミレトスのヒスティエのようなペルシアに好意的なギリシア人を首長として強制した。サモス島も五一八から五一六年頃にペルシアに併合された。というのも五二二年より大帝国を、アケメネス朝の精力的なダレイオス一世が支配するようになったからである。当時帝国は二〇ほどの行政区（サトラピア）に分かれ、サトラップ「太守、王権の擁護者の意」という称号をもつペルシアの高官がそれらを統治していた。まもなく小アジアのおもにイオニア地方で、ペルシアと自由の回復を望むギリシアとのあいだに深刻な危機が起こった。

（1）リュディア王国の最後の王（在位期間：五六〇年／五六一年〜五四七年頃）。クロイソスはその莫大な富で知られており、ヘロドトスやパウサニアスはデルポイにあったクロイソスの奉納品について書いている。ギリシア語とペルシア語では「クロイソス」の名前は「富める者」と同義語、現代ヨーロッパ系の言語ではクロイソスは大金持ちの代名詞であり、英語では「大金持ち（rich as Croesus, または richer than Croesus）という慣用句がある。また、最初の公認通貨体系と貨幣制度を発明したのはクロイソスだといわれることが多い〔訳註〕。

（2）現在のカスピ海南部からアゼルバイジャンにかけての古代イランに、二千年紀頃から移り住んだ民族。ペルシア人と同一視され、ペルシア戦争をメディア戦争と呼ぶことがある〔訳註〕。

Ⅱ　イオニアの反乱とペルシア戦争（前四九九〜前四七九年）

四九九年、イオニアはペルシアの支配に抗してたちあがった。エーゲ海をはさんだ対岸のギリシア諸都市のうち、檄に応じたのはアテネとエレトリアのみで、派遣された部隊も凡庸だった。彼らはサルディニアのサトラピアに火を放って引き揚げた。小アジアのカリアとキプロスや、ボスポラス海峡沿岸のギリシア都市には反乱の波が押し寄せたが、ペルシア側もただちに反応し、反乱は抑えられた。暴動の発生地ミレトスは攻め落とされ、蹂躙された。とはいえサトラップのアルタフェルネスは弾圧をひかえ、興奮を静めるため公租のとりたてをやめはしないものの、市民の自主的体制をギリシア都市に残した。

小アジアにおけるペルシアの軍事的介入のため、ダレイオスは矛先を西に向けたが、おそらく彼の心中には、拡大の思想が目覚めていたであろう。すくなくとも小アジアのギリシア人とのあいだに起こっている危機を抑制するため、ギリシアに自分に好都合な体制を確立し、ヨーロッパ全体のギリシア人を従属させようという願望があったはずである。それはともかく四九〇年の夏、ダティス提督に率いられた大規模なペルシア艦隊がエーゲ海に出現し、ナクソスは焼かれ、エレトリアは略奪されたうえに焼き打ちにされた。それからペルシア軍はアッティカの東岸マラトンに上陸した。だがアテネ人一万、プラタイア（アテネと友好的なボイオティアの都市）人一〇〇〇からなり、ミルティアデスの指揮下にあるギリシア軍が彼らを敗走させ、かなりの損害をあたえた。ダティスは錨を揚げ、ファレロン港上陸を断念して小アジアへ向かった。アテネ軍は大勝し、しきりにそれを自慢した。自分たちは夷狄《いてき》の攻撃から、ギリシアを救ったと考えたのである。

だがまもなく敵は戻ってきた。四八六年ダレイオスの後継者クセルクセスは、四八一年、ヘロドトスによればさまざまな出身地の兵をなんと一七〇万（『歴史』巻七、六〇）、船を一二〇七隻（『歴史』巻七、八九）からなる部隊を派遣してきた！　この数字はすくなくとも兵員にかんするかぎり過大だが、当時この部隊の襲来を目撃した人びとの印象を伝えていることは確かである。パニックに襲われたのかあるいは二股をかけたのか、ギリシア人のなかには中立の立場にとどまったり、テッサリア人やテーベ人のように侵略軍の側に着いた者もいた。四八〇年ペルシア軍の歩兵はポスポラス海峡をわたって到着し、彼らには沿岸沿いに進む艦隊が同行していた。四八一年、コリントスの地峡で開かれた会議において、約三〇の都市がスパルタの指揮の下で同盟軍をつくり、抵抗することを決定した。七〇〇〇名の兵士（とくに多いのはペロポネソス半島とフォキス地方出身者）がテルモピュライに配された。当時ギリシア南部に向かうとき通らなければならないこの峡谷を抑えようとしたのだ。彼らはスパルタ王レオニダス〔?〜四八〇年。在位、四九一〜四八〇年〕によって指揮されたが、この王は裏切りにあって背後から襲われたとき、三〇〇名のスパルタ兵とともに英雄的な戦いの後戦死したが、おかげで残存部隊は無事退却することができた。アテネ・スパルタ艦隊のほうもエウボイア北のアルテミシオン岬で一進一退のペルシア軍との戦闘を経て、エウリポス海峡に無事にもどった。これら二つの戦いは、四八〇年七月に平行して行なわれた。

ペルシア軍はアテネにまで下って、易々とこの都市を抑え、荒らした。アテネ軍はサラミスまで後退したが、テミストクレス〔五二八頃〜四六二年頃。軍人、政治家。サラミスの海戦で活躍するものちに陶片追放された〕の意見に説得され、四八三年から四八〇年までのあいだに三段櫂船二〇〇隻からなる艦隊を備えた〔船の建造費は、ラウレイオン銀山[1]の開発から得た利益によって購われた〕。四八〇年末、テミストクレスの作戦でアッティカ沿岸とサラミス島の峡水道に引き寄せられたペルシア軍を、およそ四〇〇師団〔うち二〇〇はアテネ出身〕からなるギリシア艦隊が全滅させた。のちにアイスキュロスは『ペルシア人』のなかでいうだろう〔第四一九〜四二一節〕。

海は山のような漂流物、血まみれの死屍で埋め尽くされた。海岸や岩礁も死体で覆われた。

四七九年九月、今度はペルシア陸軍がやられた。クセルクセスから指揮をゆだねられたマルドニオス将軍に指揮されペルシア軍は、スパルタの摂政パウソニアス〔?～四七〇年。パウサニアスはレオニダス一世の甥に当たり、幼いプレイタルコス（レオニダスの子）の後見人を務めた〕の指揮下におかれた約四万のギリシア人重装歩兵軍（うち一万はスパルタ人、八〇〇〇がアテネ人）によって、ボイオティアのプラタイアで敗れた。同じ頃ミュカレス岬のペルシア軍海軍基地がサモス島から来たギリシアの艦隊によって占拠され、焼かれた。四七八年、ペルシア軍最後のヨーロッパ駐屯隊がセストスから追われ、以後、小アジアのギリシア都市の大半は解放された。

（1）四八七年にアテネの郊外でラウレイオン銀山が発見され、奴隷たちによる採掘が軌道に乗ると、ドラクマ貨はたちまち地中海沿岸に広がり、アテネ全盛の原動力になった〔訳註〕。

西ではシチリアのギリシア軍が、ゲロンとテロンによって率いられそれぞれシラクーサとアグリジェントの僭主となった。二人は四八〇年、不用意にもギリシア人都市国家間の紛争に巻き込まれたカルタゴ軍に対して勝利を収めた。カルタゴ人は以後島の西部に追われ、五世紀末までそこから出ることはなかった（本書四五頁参照）。四七四年ゲロンの弟で後継者のヒエロンはシラクーサの首長となり、カンパーニア沖でエトルリア軍に大勝した。ピンダロスは唄っている（『ピュティア祝勝歌』、第一歌、七二～七四）。

うべないたまえ、クロノスの子よ、キュメの沖合の船戦で、おのれの暴慢が悲嘆を味わった様子を
目撃し、シラクサ王に打破されて、どれほどの苦難を受けたかを思い知ったフェニキア〔カルタゴ〕

とテュセルニア〔エトルリア〕の民の雄叫びが、館のうちに留まることを！　王は、敏速な船々から、彼らの若人を海面に突き落とし、ギリシアを深い隷属から救い出したのだ。エトルスク軍はクメスを前にみて彼らの傲岸が、艦隊の滅亡を嘆くのをみた、と唄っている〔なお「クロノスの子」はゼウス、クメスは現在の南イタリアのクマである。本訳は、ピンダロス、内田次信訳、『祝勝歌』にしたがった。巻末参考文献PS、一一七～一一八頁〕。

四七三年ターラントのギリシア人がイアピュギアの原住民〔イアピュギアはイタリア南東部の岬。原住民とあるが、ヘロドトスはクレタ人の子孫としている。巻末参考文献HR3、一二八頁〕に大敗を喫したことを認めるとしても、結局五世紀最初の四半世紀は、ギリシアが地中海における地位を確立し、異民族に対する断固たる態度を肯定することに終始した。少なくともギリシア人の一部は〔その筆頭にいるのがアテネ人〕そう考えていた。なぜならば彼ら以外のギリシア人には、恥知らずな「ペルシアかぶれ」や「カルタゴかぶれ」が混じっていたからである。アテネ、スパルタ、シラクーサの三都市は、それぞれ共通の敵にたいしては力を誇示した。しかしまもなくギリシアの諸都市は再びたがいに分裂し、それがますます激しくなっていった。

Ⅲ　アテネの覇権と諸ポリスの葛藤（前四七九〜前四三一年）

異民族に勝利するうえで決定的な役割を果たして栄光に包まれたアテネは、その海軍力によりエーゲ海の守り手として君臨するようになった。テミストクレスに命じられて都市と城壁を短期間に再建し、さらにペイライエウスに三つの船渠をおき、旧港ファレロンより広くて便利な新港として強化したのち（次頁、図3参照）、アテネ人はスパルタの同盟離脱（トゥキュディデスによれば、四八一年来ギリシア軍を指揮していたスパルタ人パウソニアスが同盟諸国の反感を買ったためらしい〔巻末参考文献TR1、九二〜九三頁〕）に乗じて、小アジアの島々の都市から覇権すなわち新たな同盟の指導権を認められた。この同盟は四八一年の同盟にとってかわる目的をもっており（本書二三〜二四頁参照）、同時にペルシア軍の反撃の可能性に備えるためでもあった。そうしたことからアテネ人はデロス島にいわゆる「第一回デロス同盟」（第二回の同盟はそのちょうど一〇〇年後）の本拠と金庫を配置した。同盟に加盟している大半の都市は、アテネ人アリステイデスの査定にもとづいて貢税《フォロス》を納め、金庫は同盟財務官《ヘレノタメス》によって管理された。この年貢は、共同艦隊にたいする船舶の提供にとって代わっていった。

デロス同盟の枠内でもとくにアテネ人とその同盟諸国は対ペルシア戦を継続し、ペルシア軍はミルティアデスの子キモンに率いられる部隊に、またしてもパンフィリアのエリュメドン河の河口付近で陸上でも海上でも敗れた。四五〇年、キモンはキプロスのペルシア軍にたいし最後の遠征を企てた。彼自身はキティオン〔現在のキプロスのラルナカ市の古名〕で死んだが、部隊はキプロスのサラミス沖で海戦に勝利した。四六五年にクセルクセスの後を継いだアルタクセルクセスとの交渉が行なわれ、アテネ側の交渉人の名をとった「カリアスの和平」協定が結ばれるにいたった。これによって以後ペルシアの軍船はエーゲ海への立ち入りを許されず、黒海を離れて北に行くことも、ファセリスから地中海の西に進むことも許されなくなった。小アジアの沿岸区域は、沖合四〇〇スタディオン（約七五キロ）に限定され、ギリシア諸都市は独立性をも守った。

　以後デロス同盟の目的はなくなったかに思われたが、ただアテネ人は、彼らの覇権を強化したいという願望から、出来るだけそれを残し

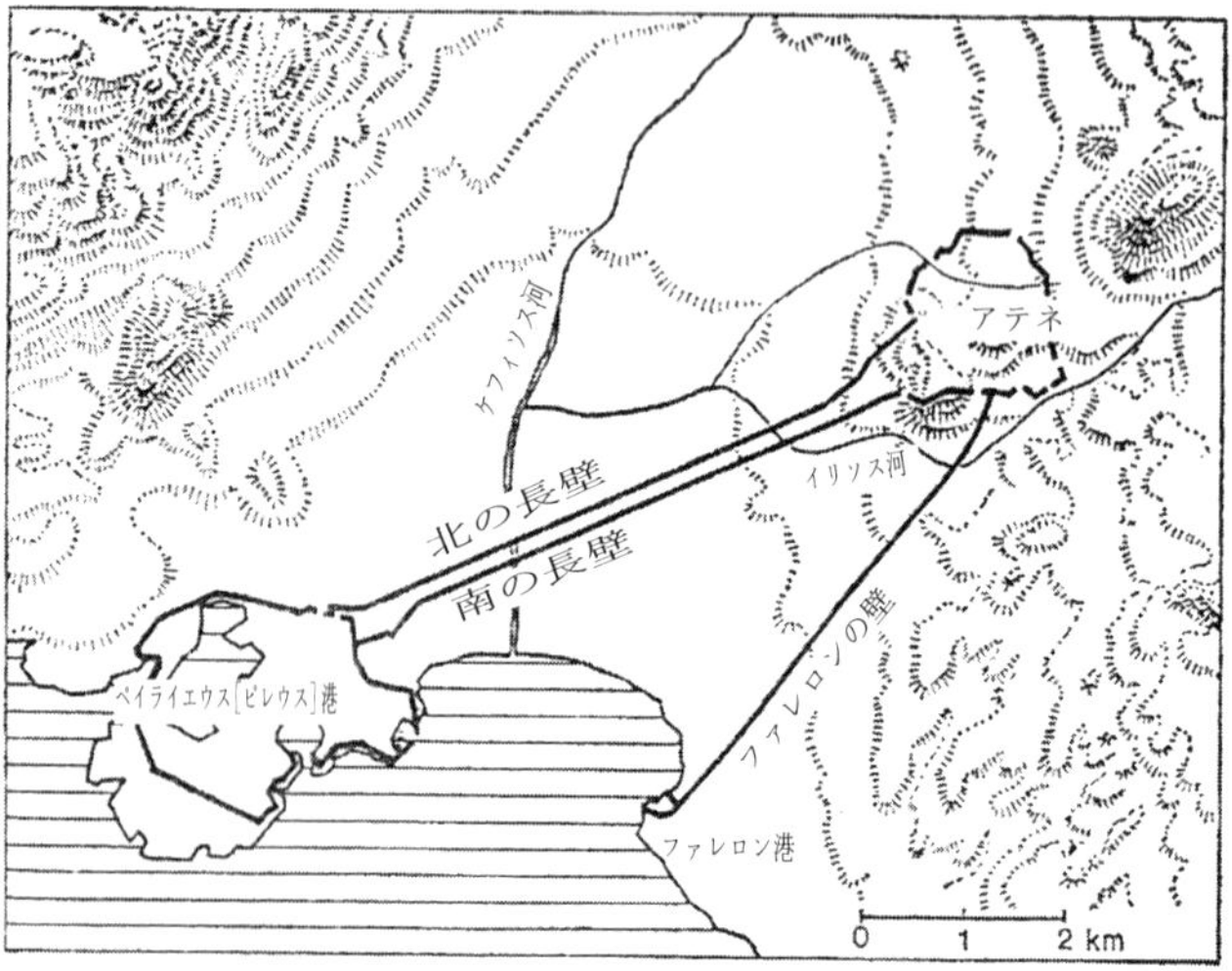

図3　アテネの城壁とその港

て支配の道具としてつかおうと考えた。四五四年から四五三年にかけて同盟の金庫はデロスではなくアテネのアクロポリスに移され、諸都市があたえる年貢は、事実上アテネのものとなった。アテネ人はかなり早くから同盟都市にたいして支配者のようにふるまい、四六九年ナクソスが、ついで四六六年から四六五年にかけてタソスが同盟から抜けようとしたとき、彼らはこの脱退を、拡大しつつある彼らの制海権にたいする脅威であり、許しがたいものとみなして止めるため、キモンをはじめとする将軍と艦隊を派遣した。こうしてアテネ人は徐々に覇権主義の渦に巻き込まれていった。のちにその間の事情を如実に物語るのは、トゥキュディデスがアテネ大使の口を借りてスパルタ人（こちらの方はペロポネソス同盟の指導的地位に立っている）に語りかける（四三二年）以下の主張であろう。

われわれが行使している制海権は、暴力によってえたものではない。異民族「ペルシア軍」の残存部隊との戦いを継続することを望まなかったのがあなた方自身だが、われわれの同盟国は、われわれのところにやってきて、われわれに「先頭に立ってほしい」と積極的に頼んできたのだ。さらにこの制海権行使についていえば、この権力を最初は恐る恐る、ついで名誉心と利害関係から現在のように導くのは、われわれの義務であった。以来われわれは多くの国々から反感の対象となったが……この同盟からの離脱を放置すればそれはあなた方に必ずや有利に作用するだろうが、われわれはもはやこれを放置して、火中の栗を拾うわけにはいかないと思われる（第一巻、七五節、巻末参考文献ＴＲ1、七三～七四頁）。

ペルシア戦争の終わり（約四八〇年）とペロポネソス戦争の始まり（約四三〇年）とのあいだに流れた五十年間つまりペンテコンタエテティアについて歴史家トゥキュディデスは有名な分析を提供するが、そのなかでアテネとその同盟都市対スパルタとその同盟都市のあいだの抗争が泥沼化し、次第に戦争へとつながっていく過程を詳述する。もっともその間、覇を競う両都市のあいだでは四五七年から始まったさまざまな衝突（ボイオティアのタナグラの戦い）が五年間の停戦（四五四－四五三年～四四九－四四八年〔休戦条約の成立は四五一年とされる。巻末参考文献TR2、索引三五頁〕）に終わったり、さらにその後四四六年と四四五年のあいだに「三〇年平和協定」が理論的には結ばれたのではあるが、いずれの休戦もむなしかったわけである。

アテネが海上覇権主義にむかって国際政策をすすめていったことは確かなことで、たとえばアテネ人は、四六一年にアルゴスとメガラと同盟を結んだ。そしてメガラの西側の港パガイを通じてコリントス湾に達し、まもなくナウパクトスを占領し、メッセニア人をそこに住まわせた。メッセニア人はスパルタに反乱を起こしてペロポネソス半島を去らざるをえなくなったため、アテネ人に献身的に仕えるようになっていたのだ。アテネは海上貿易のライヴァルだったコリントスとは決裂し、アイギナとの紛争が四五九年から四五八年にかけて再燃した。アイギナは四五七年から四五六年にかけて降伏し、アテネの後見に服するようになった。四五九年、アテネはペルシアに対して決起したリビア王からエジプトへの介入を提案され、これを受け入れた。だがこの遠征は若干の成功をみたものの、四五四年に悲惨な結果に終わった。より現実的な企ては、アテネとペイライエウス、ファレロン両港をつなぐ二つの長城の建設である（図3）。これらの港と結ばれたアテネは、海に向かって開かれた都市となり、制海権掌握の意を強くもつようになった。

「三〇年平和協定」はアテネ人の覇権を事実上恒久化した。すなわちアテネ人は法制度が完全に欠如している場合には、多少なりともデロス同盟の成員となっている諸都市にたいし、その海軍力とこれら都市からあつめた財力にもとづいて実質的影響力を駆使するわけである。四四九年以降、アテネ人は貢税のおよそ半分を自己の利益のために取り立てた。理論的にはこれは同盟の軍事費という目的をもっていたが、実際には「金はそれをあたえる人に属することはなく、果たすべき義務を果たすという条件でそれを受け取る者に属する」（『ペリクレス』、〔巻末参考文献PE2、三三頁〕）というプルタルコスの原則にもとづいて、アテネ人によって恣意的に管理された。いまやペリクレスによって政治が動かされているアテネは、同盟内の新たな反乱を抑圧した（四四六年のエウボイアの反乱、四四〇年から四三九年にかけてのサモスとビュザンティオン〔ビザンティン〕の反乱）。

「三〇年平和協定」の一節によって、スパルタ側とアテネ側の双方は、それまで中立だった都市を味方につけてよいこととなった。スパルタはなんといっても内政問題（とくに奴隷の反乱、本書五五〜五六頁参照）とペロポネソス問題で手一杯で、冒険は一切控えていたのにたいし、アテネのほうはその覇権を維持・強化するには、機あらばそれを拡大するのが一番だと考えるようになっていた。四四五年から四三一年のあいだ、市民のあいだにあるこうした拡大政策にブレーキをかけるべきか、それとも奨励すべきか、ペリクレスがいずれの考えを選んでいたか、史家の議論は定まっていない。確実なことは四四五年以来、アテネ人ランポンがシュバリス遺跡[1]付近に全ギリシア的殖民地トゥリオイをつくったこと、四三七年から四三六年にかけてトラキア南部ストリュモナス河口を見下ろす高台にアンフィポリスが建設されたことである。アンフィポリスがもたらす戦略的経済的利益（パンガイオン金山、造船材）はただちに重要になった。四三三年アテネは、二年間母都市コリントスと戦闘状態にあったコルキュラ（現在のコルフ）との同盟関係を認めた。この戦いの原因は、コルキュラによってつくられたイルリアのエピダムノスが、寡頭制に反対して起こった事件で母都市との関係がこじれ、母都市の母都市であるコリントスに援助を求めたことによって生じた「コルキュラ紛争」であった。アテネの艦隊が出動して、ペロポネソス同盟側のコリントスは、やむなくコルキュラを罰することを断念した。同じ年アテネは、その属国でありながらコリントスの創設した殖民地ポティダイアに屈辱を味あわせただけに、コリントスの恨みは深かった。トゥキュディデスに語ってもらおう（『歴史』第一巻、第五六章、二、〔巻末参考文献TR1、五四～五五頁〕）。

コリントス人が復讐を企む一方、彼らの敵意を予想したアテネ人は、同盟国として貢税を払いながら、パレネ半島を占拠してコリントスの殖民地となっているポティダイアに指令を出し、パレネをめざしている城壁を撤去すること、人質を出すこと、例年コリントスから派遣されている監視員を以後追放することを命じた。実際アテネ人は、マケドニア王ペルディッカス〔二世、?～四一三年。

マケドニア王国の統一を強化し、勢力を伸ばした〕とコリントスの二重の影響を受けた、ポティダイアが同盟を脱退し、同時にトラキアの同盟国すべてを道連れにすることを恐れていたのである。

（1）イタリアのターラント湾西海岸以前七二〇年頃建設された都市。その繁栄ぶりはギリシア世界に喧伝されたがのちにクロトンとの戦い（五一〇年）で破壊された〔訳註〕。

だがポティダイア人はこの最後通牒を突っぱね、アテネ軍（その戦列にはソクラテスもいた）は四三二年、ポティダイアを攻囲した。コリントスは反撃したいと思ったが、単独ではダメだ。ペロポネソス同盟が介入してくれればよいのだが、覇権都市スパルタは躊躇した。そこへ新たな事件が起こり、いわば一触即発の危機が起ころうとしていた。

おそらく四三二年、アテネ人はメガラ人にたいし、アッティカ地方の市場に出入りすることを禁ずる命令を発した。メガラ人が四四五年にペロポネソス同盟に加わって以来、アテネとはもつれた関係にあったからだ。しかし商業を指向する都市にとって、この禁令は痛い打撃であった。そこでメガラ人はコリントスばかりでなく、アテネが独立性を重んじてくれないと嘆いているアイギナとも手を組んで、同年秋、スパルタに注意を促し、ペロポネソス同盟のアテネに対する反撃を求めた。スパルタは、戦争の兆しに大いに困惑した。そこで同盟の代表を集めた会議がスパルタで催された。

多くの国民が口をそろえてアテネを非難し、開戦に賛成の意を表明した。……スパルタ人はすべて人びとの意見を聞き、それから全同盟諸国に投票を促したので、大半が開戦に投票した。そうと決まったが、まだ準備ができているわけではないので、ただちに行動する、というわけにはいかない。各都市は時をうつさず、必要な手段を確保しようということになった。といっても、彼らは必要な準備をするのに丸一年もかけることはなく、一年足らずでアッティカに攻め込み、公然と戦争を開始した（トゥキュディデス、第一巻、一一九章と一二五章、〔TR1、一一三頁、一一九～一二〇頁〕）。

結局コルキュラ、ポティダイア、メガラの紛争がきっかけとなって、ペロポネソス同盟は、アテネの覇権主義に対して反撃に踏み切らざるをえなかったのである。

Ⅳ いわゆるペロポネソス戦争（前四三一～前四〇四年）

ペロポネソス戦争について書いた作品の冒頭において、トゥキュディデスはこの戦争がいかに重要であったかを強調する。

この戦争は確かにギリシアのみならず外国世界の一部をも動かす一大危機であった。それはいわば人類の大半を呑み込んだ戦争だった（第一巻、第一章、第二節、〔巻末参考文献TR1、四頁〕）。

たしかにこれは大げさなギリシア中心的な言葉だが、アテネとスパルタのこの対決に当時のギリシア諸都市の大半（つまりギリシア人の目からみればギリシア人の大半）が巻き込まれた事実を反映した表現でもある。史家はさらにつぎにように語る（第一巻、第二三章、第一～二節、〔巻末参考文献TR1、二四～二五頁〕）。

この戦争はかなり長引き、これくらいの時間的経緯のなかでこれほどの変動をギリシアにもらした例はかつてなかった。こんなにも多くの都市が異民族によってあるいは都市同士の争いで占領されたり、無人と化した（陥落して住民が代わったものもふくむ）例はなかった。戦争や内紛と結ばれて、こんなにもたくさんの殺戮と追放が起こったこともなかった。

本書で細部には触れるのは本意でないとしても、四半世紀以上つづいた戦いの発端といくつかの主要な段階にかんするデータには、いったいどのようなものがあるのだろうか？

1　君臨する勢力

アテネとその同盟都市の有力な切り札は、三〇〇隻の三段櫂船とそれに付随するキオス、レスボス、少し遅れてくわわったコルキュラの同型船からなる、大規模でよく訓練された艦隊である。これと比べて陸軍のほうはあまりぱっとしない。アテネ軍は現役重装歩兵一万三〇〇〇、騎兵は一二〇〇しか保有していない。予備兵は、最年少から最年長まであわせて一万六〇〇〇で、任務は国防である。たいするペロポネソス軍には、その同盟軍であるボイオティア軍（プラタイアをのぞく〔テーベを中心とするボイオティア同盟軍のなかで、プラタイアは親アテネ的立場にあった〕）、フォキス軍、ロクリス軍は四万の重装兵と多数の騎兵（とくにボイオティア兵が多かった）がいた。いっぽう艦隊は、アイギナとコリントスの応援はあったが貧弱だった。したがって両軍はともに、当然一つの分野では勝つチャンスがあるが、別の分野では負けるか、少なくとも苦戦に陥る危険があった。そこでペリクレスが決定した戦略は、アテネと港を結ぶ長城の背後の塹壕にいる軍勢が敵をひきつけて戦い、制海権にもとづく食糧補給をなんなく確保し、大規模な陸戦を回避しながら、ペロポネソス沿岸に反撃することだった。アテネは敵が急速に疲弊し、半島に退却することを期待していた。そうなれば制海権は無傷のまま、すべてを新たに議論できるだろうと考えていた。だが戦争のメカニスムは、そう簡単に固まるものではなかった。

2　一〇年戦争あるいはアルキダモスの戦い（四三一〜四二一年）

四三一年から四二一年にかけて両軍の戦いは白熱化すると同時に混乱した。アルキディアモスに率いられたスパルタ側は、四三一年早々にアテネを荒らし、以後、四三〇年、同じく四二八年、四二七年、四二六年と侵略をくりかえした。もっとも四二九年にはアテネの将軍フォルミオンがナウパクトス付近の海戦で大勝利を収めた。アテネの城塞のなかに押し込まれた兵士たちは、四三〇年から四二九年の恐るべき疫病（ペストといわれているがおそらくはチフス）によって大量の死者を出し、ペリクレスも命を奪われた（四二九年秋）。彼に代わる者のなかでアテネ人にたいして彼ほどの影響力をもつ者は、誰一人いなかった。そこで戦争遂行上動揺が生まれる。四二八年から四二七年にかけて、アテネはレスボス島の同盟都市のひとつミュティレネの反乱〔ミュティレネはレスボス島を統一しようとしてスパルタやボイオティアなどと手を結んでアテネに反乱を起こした〕を弾圧した。同じ頃ペロポネソス軍は、アテネの同盟都市プラタイアを破壊した。

　四二六年、アテネ軍はメッセニア沿岸のピュロスに上陸し、ペロポネソス軍の攻撃にもかかわらずそこに腰をすえた。のみならず将軍デモステネス[1]はスファクテリエ島でスパルタの重装歩兵四二〇名を孤立させることに成功した。スパルタはただちにこれら四二〇名の兵士の解放を、和平とひきかえに申し入れた。[2]だが徹底好戦派の煽動家《デマゴーグ》クレオンは、アテネの民会《エックレシア》〔アテネの民会はεκκλησια、スパルタのそれはアペッライ〕をけしかけてこの和平を拒否させた。彼はスファクテリエにおもむき攻撃を命じ、幸運に恵まれてペロポネソス軍兵士二九二名を首尾よく捕虜とした。そのうち一九〇名はスパルタ人で、アテネの人質となった。四二四年、もう一人のアテネの有力な人物ニキアスはキュテラを占領し、これによってスパルタの不安はさらに高まった。だが同じ年、アテネ軍の部隊はデリオンでボイオティア軍によって殲滅された。とくにスパルタ人ブラシダスはトラキアにおけるアテネの権益を攻撃しようとくわだて、アンフィポリスを占領し、アカントス、メンデ、スキオネ、カルキディケといった都市をアテネとの同盟から離脱させるにいたった。今度はアテネの方に不安がひろがり、四二三年春、一年間の休戦条約が結ばれた。翌年、ブラシダスとクレオンはアンフィポリスで相まみえ、二人はともに死んだ。うるさい政敵がいなくなったニキアスは、四二一年、建前だけは五十年間という和平条約、通称「ニキアス平和条約」を締結した。アテネ側に有利なこの条約に、ペロポネソス側は全面的に同意したわけではない。だが一〇年におよぶ戦争で、両陣営は疲弊した。アテネはかなりの財政的困難を味わったが、その覇権は依然として無傷のままであった。

（1）？～三八四年、アテネの将軍。ペロポネソス戦争で活躍。スファクテリエではスパルタ軍を破ったが、翌年メガラ、ボイオティア攻略に失敗。のちにシラクーサで処刑された〔訳註〕。

（2）このときアテネの使節が市民に報告したスパルタ側の言葉は「われわれと諸君とが同一の意見を語れば、他のギリシア人は遙かに劣勢であるから、われわれにたいして最大の敬意を払うはずである。この点は諸君にも知っていただきたい」と結ばれており、「両大国が協調してギリシア世界を統治しようとの政見は、とりわけラケダイモン〔スパルタ〕側にあったらしい」とされる。巻末参考文献TR1、三八三～三八五頁〔訳註〕。

3　対立の再開とシチリア遠征（四二一～四一三年）

ニキアスの和平が四一四年まで破られることがなかったとしても、また四二一年にはアテネとスパルタ間で防衛的同盟関係が成立していたとしても、両国は早晩対決する運命にあった。他方もう一つの同盟関係が、ペリクレスの甥でかつ彼の被後見子であるアルキビアデスの主導でアルゴスとアテネのあいだでむすばれた。アルキビアデスの役割はますます重要になっていた。理論的にはこれも防衛同盟で、そのためアテネはアルカディアにおけるアルゴス人とマンティネイア人を、テゲア人とスパルタ人から守らざるをえなくなった。スパルタは、マンティネイアに四一八年夏勝利を収めた。アルカディアを勢力圏にとりもどし、アルゴスをその政変に乗じて一時期同盟国として安心したスパルタは、それ以上のことを望まなかった。逆にアテネでは覇権主義的思想が復活し、さまざまな動きがすすめられた。たとえばメロス島は、四一六年から四一五年にかけ住民の必死の抵抗にもかかわらずアテネに征服された。[1] とくに有名なのはシチリア遠征（四一五〜四一三年）で、この戦いはシラクーサ軍に支えられたセリヌンテ軍の攻撃から、遠国の同盟国セジェスタを救済するという作戦に原則的には限定されていたが、ニキアスの反対を無視したアルキビアデスによってみるみるシチリア全土の征服計画に改変された。この逆上した無分別な企てについて、トゥキュディデスは書いている（第六巻、第一章、第一節、〔巻末参考文献TR2、九〇頁〕）。

アテネ人の大半はシチリア島の面積も、ギリシア人や異民族の住民の数も知っていなかった。彼らはペロポネソス半島にしかけた戦争にも匹敵するような大戦争をしようとしていることに気づいていなかった。

（1）四一六年、アテネはキクラデス諸島南西端のメロス島を拠点にしようと企てたが、中立を望むメロス人がこれを拒否したので戦端を開いた。やがてメロスが降伏すると、その成年男子全員を処刑し、女子どもを奴隷にし、その後に植民を行なった〔訳註〕。

アルキビアデスにいわせれば、これはアテネの力と地位を強化し、人びとの熱狂をまきおこす事業である。

誰もが出征したいという激情に駆られた。老人は上陸すれば、当然島を征服することになるだろうし、そうでなくても強力なアテネ軍にたいした危険はないだろうと考えていた。参戦可能な年齢の若者たちは遠国に行って何かを学びたいという願望を抱き、また無事に帰国できると信じ切っていた。大多数の兵士は、帰国時にはお金をもちかえりたいし、そのうえ莫大な俸給を保障する実力もかちえたいと願っていた（第六巻、第二四章、第三節、〔巻末参考文献ＴＲ２、一二一～一二二頁〕）。

だがまもなくこの企ては、アテネとその同盟軍にとって悲惨な結末となる。たしかに一三四隻の三段櫂船と約五〇〇〇名の重装歩兵によって強化された部隊ではあったが、陣頭に立った将軍、ニキアス、アルキビアデス、ラマコスは、三人とも最初から互いに理解しあっていなかった。そのうちの一人アルキビアデスは、ヘルメス像破壊（本書九九頁参照）やエレウシス秘儀パロディ化事件で追求の矢にさらされるのを避けるために、反アテネ戦争を再開するよう勧めるスパルタに走った〔アルキビアデスとスパルタとの結びつきにかんしてはたとえば、巻末参考文献ＴＲ２、二七頁、訳註（４）（５）〕。このことから四一三年、アルキダモスの息子でスパルタ王アギスによる、デケレイア〔アッティカ平野を見下ろすアテネの行政区〕攻撃とその占領が行なわれた。そのいっぽうニキアスは対シチリア戦でひどく苦戦し、デモステネス将軍によって率いられた三段櫂船七三隻、重装歩兵五〇〇〇名の救援にもかかわらず、アテネ艦隊は四一三年九月、スパルタ人ギュリッポスをいただくシラクーサ、スパルタ、コリントス混成軍によって撃破された。歩兵は逃げようとしたが、殺されるか捕虜とされ、アテネ軍の二人の将軍は死刑の判決を下され処刑された。捕虜となった人びとはシラクーサの石切場ラトミアに押し込まれ、そこで絶命したり、奴隷として売られるかいずれかの道をたどった。

4 デケレイア戦争、イオニア戦争、アテネの衰退（四一三〜四〇四年）

アテネが経済と財政面で重大な困難に陥ったのには、三つの大きな原因がある。それらは一、シチリアにおける破局、二、アッティカの田園地帯における略奪、三、ラウレイオン銀鉱山開発の中断である。銀山開発が中断したのは、デケレイア地方にスパルタ人が現われ、また鉱山で働く奴隷数一〇〇〇〇人が逃亡したからである。アテネに残っている艦隊に匹敵するような船を持ちたいと願うペロポネソス諸国も、もはや安閑としてはいられなかった。四二五年から四二四年にかけてアケメネス朝の玉座に就いたペルシア王ダレイオス二世は、こうした状態をエーゲ海沿岸に再度乗り込む好機ととらえ、ペロポネソス同盟諸国を財政的に援助する構えをみせていた。ペロポネソス側もこれに応じてティッサフェルネス〔?〜三九五年、ペルシアの総督〕と手を組み、アテネにたいして「イオニア戦争」をしかけ、まず四一二年にキオス島、ついでエリュトライ〔エリトリア〕、クラゾメナイ、テオス、ミレトスをアテネ同盟から解放した。ダレイオス大王のほうはこうした諸都市の解放をみて、さらに小アジア沿岸の都市国家をアテネの桎梏から解き放そうと主張した。

しかしティッサフェルネスとスパルタとの協定は、それほど固いものではなかった。祖国への帰還を願うアルキビアデスをはじめ、アテネの富裕階層もペルシアの支援を受けようと交渉をはじめた。この企てでは彼らは失敗したが、四一一年五～六月、アテネにクーデタを起こし、寡頭制の政体をつくることには成功した。これが「四〇〇人政権」である（本書七四頁参照）。この政権は和平を望んだが、すぐにイオニアのアテネ軍に拒絶され（軍はさしあたりサモス島にいるアルキビアデスの指揮下にあった。アルキビアデスはアテネ軍に復帰し、軍は彼を将軍に選んだ）、スパルタ人との交渉の企ても失敗したのち、やむなくより穏健な「五〇〇〇人〔市民〕政権」に座を譲らざるをえなくなった。さらにこの政権も四一〇年夏、復活した民主政権に取って代わられたのである。

一方アテネ軍の軍事的状況は、当初は悪化していた。艦隊の一部は、四一一年九月、エレトリアの前でペロポネソス軍に粉砕され[1]、エウボイアが数週間前のビュザンティオン（ビザンツのちのコンスタンティノープル）にならって同盟から離反した。とはいえ同じ四一一年秋から、アテネ軍はヘレスポント地方（キュノスセマ岬、アビュドスさらにキュジコス）において勝運をとりもどした。これらの地域は、戦略上重要と考えたペロポネソス軍が掌握したいと思っていたところだ。というのもアテネ人が黒海周辺で買い付けた小麦は、ここを通過しなければならなかったからである。ピュロスを占領していたアテネ軍駐屯部隊は、四一〇年から四〇九年にかけての冬に撤退させられたが、アルキビアデスはあくる四〇八年、ビュザンティオンを奪回し、おかげで翌年には祖国への凱旋を果たすことができた。彼はあらゆる権限を備えた将軍に選ばれた。

（1）巻末参考文献TR2、三八六頁。

しかし同じ年スパルタ軍は、艦隊総司令官すなわち総督に優れた戦略家リュサンドロスを任命した。ペルシア軍からの財政的支援を確保した彼は、四〇六年春、イオニア地方のティオンの海戦で一部のアテネ軍を破った。アルキビアデスの後を継いだコノンはレスボス島のミュティレネ港にアテネ艦隊とともに閉じ込められた。だが送られてきた援軍がスパルタ軍と戦い、指揮権がリュサンドロスの手から離れたスパルタ軍をアルギヌサイの戦いで破った[1]（四〇六年夏）〔リュサンドロスは任期が切れていたので、カリクラテスが艦隊の指揮を引き継いだ〕。ではアテネ軍の決定的勝利かというと、それどころではない。というのも勝った将軍たちは重大な職務怠慢（彼らは難破した船や、戦死したアテネ軍兵士の死体を収容しなかったといって非難を浴びた）で死刑に処せられたし、民会はスパルタ人が提案した和平案を拒否したからである。

（1）巻末参考文献XG1、四〇頁。

四〇五年、呼びもどされたリュサンドロスは、ペルシアの金をつかってスパルタ軍の艦隊を復活させ、ランプサックとアビュドスのあいだにあるアイゴスポタモイの砂浜にアテネ艦隊を急襲した。その結果アテネ側の若干の三段櫂船が脱出に成功し、敗北のニュースをアテネに報告した。海の王者となったリュサンドロスはビュザンティオンを奪回し、エーゲ海せましとかけめぐり、アテネ同盟から残っている諸国を解放した。これらの国々がアテネの海域のブロック体制を確立するまえに、スパルタ人パウソニアスによって強化されたペロポネソス軍がますます近くから攻囲網を狭めたわけである。

飢えに苦しんだアテネ軍は交渉に入らざるを得なくなり、四〇四年三月、スパルタが出した条件において降伏した。といってもその条件は、一部のペロポネソス同盟国（とくにコリントスとボエオティア）が望んだほど厳しくはない。アテネは長城をはじめとする要塞二つをとりこわさなければならないし、ペロポネソス同盟にくわわらなければならない、とされた。

V　前五世紀末のギリシア世界

ペロポネソス戦争によってアテネは荒廃し、ペルシア戦争当時の状態に縮小してしまった。数十年間同盟諸国にたいして赫赫とかがやき、時には独裁的でさえあった覇権主義の栄光は、屈辱的な敗北で終わった。民主制を敵視する人びとの目からみれば、災厄の責任は、その制度にこそあると考えられた。そこで四〇四年、スパルタの熱烈な賛同を得てかなり反動的な寡頭派のグループが政権を掌握して、「三〇人政権《トリアコンタ》」が生まれた。しかしグループ内ではまもなく穏健派テラメネスと過激派クリティアスとの対立が生まれた。クリティアスはスパルタから、アクロポリスの丘に軍統治官をいただくラケダイモン軍駐屯所の設置許可を得ていた。テラメネスは排除され、過激派は死刑執行権をもつ「一一人支配《デカルキア》（1）」〔ラケダイモンが制圧地域に樹立した支配体制〕の助力を得てアテネとペイライエウスで恐怖政治に近い暴政をふるった。この体制にとくにかかわったのは、カルミデスが指導する一〇人のメンバーからなる「一〇人支配《ホイ・デカ》（2）」である〔デカルキアとホイ・デカは別物と考えられているが、実態は不明〕。

（1）巻末参考文献XG2、索引、一七頁。
（2）巻末参考文献TR1、一〇三頁の訳註（2）。

しかし秋になるや、追放中の民主派トラシュブロスがパルネス山塊のピュレの要塞、ついでペイライエウス港を占領した。「三〇人政権」の生き残りたちはエレウシスに逃げ、スパルタの助けを求めた。アテネの民主政にとって幸いなことは、きのうの勝者であった彼らとのあいだにも、リュサンドロスやパウソニアスらスパルタ人のあいだにも不和の壁が根を下ろしていたことだ。パウソニアスは寡頭派と民主派の双方と話し合い、結局ほとんど満場一致の和解が成立し、さらに四〇三年秋、民主政復興も決定的となった。非妥協的な独裁派は、四〇一年から四〇〇年までエレウシスにとどまった。

この頃のアテネは血で血を洗う内戦が数か月つづき、戦力が失われた（死者はおそらく二〇〇〇名前後）。勝者となったスパルタも分裂し、提督リュサンドロスの拡大政策にもかかわらず全体として平穏を望んでいた。ペロポネソス同盟内にもさまざまな亀裂が現われ、テーベとコリントスは互いに距離をおくようになっていった。要するにギリシア世界は、軍事力ではなく金と外交によって新たにギリシア圏に影響力を得つつあるペルシア帝国とばかりでなく、いまだ穏健とはいえ拡大の道をたどりつつある新たな王国マケドニアとも対峙しながら、かつての分裂状態に陥ってしまった。

西に目を転じても、この世紀の終わり方はギリシア人にとって芳しくなかった。アテネとくらべてシラクーサはシチリアでますます繁栄し、四〇五年からは専制君主ディオニシウス一世が統治した。とはいえここでも相変わらずの分裂がギリシア都市間にあり、カルタゴ人が軍勢とともに出現することを許した。彼らは四〇八年ゲラとヒメラを、四〇六年にはアグリジェントを、四〇五年にはゲラとカマリナをそれぞれ破壊した。破竹の勢いの彼らも、進撃シラクーサへ向かう途中悪疫によってようやく引き返さざるをえなくなった。ペリクレスの世紀は、とうていよい兆しのなかで幕を閉じたとはいえなかった。

第二章　政治、経済、社会

古典時代のギリシアは、一般的には都市国家のギリシアと呼ぶことができる。たしかに政治的観点に立てば五世紀のギリシア世界は、マケドニアや若干の僻地の王国（たとえばエペイロスのように人種としてつまり村落単位で一種の部族的組織として暮らしていた国々）をのぞけば、無数の独立した都市国家（ポリス、複数はポレイス）に分かれ、それぞれのポリスは、たとえ面積的に近代諸国家にはとうてい及ばないでせいぜいモナコ公国やサン＝マリノ共和国程度の国だとしても、法的には立派な主権と自主性を備えた文字通りの小国家から成り立っていたのである。このように細分されたのは、ギリシアの国土が気まぐれで不規則な起伏に富んでいたからであろうか？　必ずしもそうとはいえない。なぜならばボエオティアのように地理的には一様だが複数の都市国家に分かれたままのところもあれば、アッティカ地方のように比較的大きな面積で（約二四〇〇平方キロ）ありながら、昔のテセウス伝説によるシノイキスモス（いわゆる集住という統一化）以来単一のポリス（アテネ）をつくってきたところもあった[1]。アテネのような都市は、共同体の政治、行政、宗教の中心である市街地《アステイ》（多くの場合アクロポリスのような丘の麓にかたまった地域）ばかりでなく、国境線に近いところつまり辺境《エスカテイアイ》の要塞をふくむ本質的には農村的地域コーラー、さらに宗主国が海岸線に接していない場合には港町（たとえばファレロンとペイライエウス）のような人口密集地帯をふくむ地域からなりたっていた。さらにそこには聖所[2]（たとえばアッティカ地方ではブラウロンのアルテミス）があり、そのうちのいくつかは全ギリシア人の訪問地となることもありえた（たとえばエリス地域に属するオリュンピア）。

（1）アテネは、八世紀ころ、各村落の支配者層のみが集住して政治的中心を形成したが、一般農民は都市領域にある旧来の農地に留まった。トゥキュディデスによれば、アテネの集住は英雄テセウス王によって一挙に行なわれたと伝えており、アテネ人たちはそれを記念して毎年「集住祭」という祭典を行なっていた〔訳註〕。

（2）パルテノン神殿では、前門の右翼の裏手と神殿の前とのあいだに、アルテミス・ブラウロニアの聖所があった。神殿ではなく列柱館だったが、現在は残骸が残るだけである。アルテミスはアポロン神とは双子の狩猟を司る処女神（後に月の女神セレネと混同視される。ローマ神話のディアナ）で、聖獣は熊。アテネのアクロポリスにあるのは分社で、本社はスニオン岬近くのブラウロンにあり、良家の娘たちがこの神殿に仕えたらしい。四年ごとに行なわれるこの社の祭りブラウロニア祭では、黄色い衣を着た五〜十一歳の少女たちが熊の仕草を真似て踊ったといわれる〔訳註〕。

ペルシア戦争は、こうした多くの都市同士が全ギリシアを守りたいという願望から、結束して夷敵からの脅威に対抗して同盟を結ぶ機会をもたらしたが、全体的にはギリシアの都市は自主性に執着し、政治的な全ギリシア主義という観念には完全に閉鎖的であった。ヘロドトスは四八〇年代のあるアテネ人の口を借りて、そうした特徴を示す次のような言葉を述べている（第八巻、一四四章）。

ペルシアにたいして、ギリシアには言語と、血族と、聖所と、われわれにとって共通の犠牲と同じ風習によって結ばれた一つのギリシアが存在する。

ここでは政治は重要ではない。五世紀の同盟関係や連邦制は、その大半が原則的に軍事的関係《シュンマキア》であり、連合国的なものは珍しかった（本書七八頁〜八〇頁参照）。覇権国家的な都市が、デロス同盟結成時のアテネのように事実上の帝国をつくろうとすれば、そこには定期的な反乱が起こったりして、その企てが失敗に終わることは、すでにみたとおりである。古典時代のギリシア人はギリシア人として、オリュンピア、ピュトラ、イストミア、ネメアの競技会で各都市の人びとと再会することを誇りに思っていたが、同時に自分の都市に何より強く結ばれていると感じていた。そのことはたとえば、彫刻家が作品の台座に彫った署名をみれば明らかである。すなわちすべての彫刻家は自分の名前のつぎに、アテネ、アルゴス、タソスといった出身地を刻み、誰一人「ギリシア人の誰それ」などとは署名しなかった。

各都市はそれぞれの度量衡体系をもち、暦を独自に組み合わせて固有の貨幣を打刻することによって自分の特徴を表現した。もちろんそれぞれの体系には一長一短があったが、最も多く用いられたのは六世紀前半でもとくにアイギナ島とエウボイア島の尺度であった。四世紀に入るや銀製の貨幣の打刻がかなり盛んになったが、エレクトロン貨〔金と銀の天然合金〕や金貨はこれよりずっと珍しかった。その結果五世紀初頭には大部分のギリシア都市は貨幣を打刻するようになり、ペルシア王とまったく同様にダリウス貨(1)（スタテル金貨〔スタテルは二ドラクマ、約二グラムの重量単位である。ただし金貨の場合は二〇〜二八ドラクマに相当〕）とシケル(2)〔古代オリエントの重量単位で八〜一一グラム〕銀貨（ダリウス金貨の二〇分の一）が小アジアに流通した。貨幣の種類はきわめて多様で、表側には神の顔（アテネの場合はアテナ）、裏側には一種の紋章（アテネの場合はフクロウ、アイギナはカメ、キュジコスではマグロなど）が刻まれた。

（1）巻末参考文献HK、三三頁。
（2）巻末参考文献RF。

全盛期のアテネは、同盟諸国にその計測システムをおしつけ、四五〇年頃からはエーゲ海や小アジアではかなりの島や都市が貨幣の鋳造を否応なくやめ、たまにローカルな要請で少額の貨幣を造るだけになってしまった。正確な時代は分からないが四五〇年から遅くとも四二五年のあいだに、アテネ人クレアルコスは、重量と貨幣にかんして他都市のものを排してアテネの度量衡を使うべしという命令を同盟諸国に採択させた。それが実際には技術的命令だったのか、あるいは強大化する覇権主義に沿った政治的なものだったのだろうか……？　いずれにせよこの措置が各地で用いられたとは到底いいがたく、アテネが敗北するのとほとんど同時に、アイギナの尺度が復活し、部分的な統一化の企ては失敗に終わった。

I　アテネ、スパルタを中心とした社会構造

ギリシア諸都市の社会構造には地方的な与件と伝統のゆえに明白な多様性があるが、同時に共通点も多い。多くの場合これらの都市は、人間世界には不平等が存在するという原則にもとづいている。最も大きな断絶は自由人エレウテロイと奴隷ドゥロイとのあいだの差である。後者はいわば家畜並の人間あ

るいは被支配者でしかなく（スパルタのヘイローテス、[1] テッサリアのペネステス、クレタのクラロテス、アルゴスのギュムネテスなど）、土地に密着した農奴であると同時に、奴隷という商品の地位と、自由人の地位との中間的地位にあった。社会構造としてはアテネとスパルタのものが最もよく知られており、ここではこの二つを論じることとする。

（1）ヘロットともいわれる。スパルタ人に征服された古代ギリシアの先住民。土地に縛られ農業に従事した奴隷身分で、身柄は国家に規制され、しばしば反乱を起こしたが、ヘレニズム時代に消滅した〔訳註〕。

自由人とは当然ながらギリシア人だが、彼らのなかでも一部の者だけが政治活動に加わる可能性や、土地を所有する権利によって、いわゆる市民権を十全に享受していた。実際市民とは、すでに市民である父親をもつ成人男子（あるいはアテネでは四五一年から四五〇年にかけて導入された改革によって、市民である父とアテネ人である母の成人男子）であり、女性や子供は除外されていた。彼らは市民社会には属するが、市の政体には属していなかった。男子は昔の通過儀礼としての一種の兵役義務（アテネではエフェビア、スパルタはゴーゲーと呼ばれる一種の軍事訓練）を果たしたのち、成年に達すると（通常十八歳）完全な権利をもった市民となる。一部の市民はアトミアすなわち市民権剝奪をされる場合がある。もっともそれは重罪の判決を受けた人びとにたいする平時の処罰である。五世紀のアテネでは僭主的野心があると疑われた場合、一流の名士でもオストラシズムによって追放される場合があった（本書七一頁参照）。有罪とされた者は十年間の追放処分を受けなければならないが、服した後は市民権を回復する。

いくつかの都市は僭主制的規制から、あまり裕福でない自由人が市民権から疎外された。他方外国人でも市のために働いてイソテレイア〔租税による平等の市民権〕を認められる者もいた。またポリテイア〔自由人と同じ市民権〕さえあたえられる者もいたが、五世紀にはごく稀であった。ギリシア生まれであるとないとにかかわらず、こうした都市に住んで、通常ポリテイアとまではいわないまでも何らかの権利と利益を法規によってあたえられる［その都市にとっての］外国人は、アテネではメトイコイと呼ばれた。メトイコイは市民のあいだにプロスタテス〔保証人〕を必要とし、メトイキオンという税を支払わなければならなかった。市民が旅行にでて、一定期間他の都市に滞在する場合、必要に応じてプロクセノスという一種の現地領事官に相談することができる。プロクセノスはしかじかの都市に指名されて、その都市を代表し、自国の居留者の利益を守るためにやってきた者である。

市民はポリテイアを享受するが、必ずしもすべての市民が同等ではない。もてる者ともたざる者とのあいだには、かなり明確な断絶が存在するわけである。たとえばアテネの民主政では、五世紀においてなお市民のあいだに富におうじた四つの階級があり、その富はかつてのように小麦の収穫量や牛馬の所有能力によってではなく、ドラクマの年収額によって計算されるようになった。すなわちペンタコシオメディムノイ[1]〔年間所得五〇〇ドラクマの者〕、騎兵〔同じく三〇〇ドラクマの者〕、ゼウギタイ〔同じく二〇〇ドラクマの者〕、テティコン〔二〇〇ドラクマ以下の者〕である。重装歩兵となるのは最初の三階級だけで、その数は四八〇年から四三〇年にかけて一万から二万二〇〇〇に倍加した。というのも貨幣価値の明らかな下落〔本書六五頁参照〕にもかかわらず納税額の基礎が上昇しないだけに、階級間の移動は簡単に行なわれたからである。いっぽうテートスとよばれる第四階級は、人数がほとんど変わらないまま〔約二万〕漕手を送り出したが、アテネ艦隊が発展して、とくにサラミス海戦の勝利に輝いて以後その重要性は高まった。理論的には貴族や金持ちと最も貧しい市民のあいだに権利上の差はなかった。だが、少なくともペロポネソス戦争時代以前に市で最も影響力をもったのは、クレイステネス〔六〇一年~五七〇年頃。アテネの政治家、民主制度を確立し、僭主を防ぐために陶片追放制度を定めた〕、ついでテミストクレス〔五二八年頃~四六二年頃。アテネの政治家、ペルシア軍をサラミスの海戦で破る〕、アリステイデス〔五四〇年頃~四六七年頃。廉直の士として有名な将軍。ペルシア戦争に戦功をたて、デロス同盟を結成〕、キモン〔五一〇年頃~四四九年頃。アテネの将軍、エウリュメトンの戦いでペルシア軍を撃破〕、エフィアルテス〔生没年不詳〕、ペリクレス、さらにニキアス、アルキビアデス、トラシュブロスといった人びとで、彼らはみな市の名家の出身であった。

(1) 七世紀の政治家でアテネ民主政の基礎をつくったソロンの法により、年間五〇〇メディムノス(メディムノスは穀量の単位で、約五二リットル)以上の収穫のある土地を所有する最高級の市民階級。巻末参考文献GG、一二〇頁〔訳註〕。

政治的平等が社会的平等をともなうことはまったくなく、五世紀のアテネ人にとってそれはほとんど無意味な概念であった。彼らは市民という身分、家柄、宗教、道徳というきわめて重い桎梏に縛られていたのである。戦争が頻発するこの五世紀という時代では、家族、兄弟団(数家族の集団)、部族、そしてとくに市〔国家〕は格別重い兵役や財政的貢献を彼らに求めた(本書六六頁参照)。のみならず市は市民に対し道徳的宗教的思想を強制し、反政府的あるいは不敬な観念をいだいた場合、彼らは裁判において追求され、死刑に処せられた。なかでも有名なのは、ペリクレス時代の終わる三九九年のソクラテスの例で、彼はその言論裁判の結果ドクニンジンを飲まなければならなかった。またペリクレスが市内で注目を集めていたとき、哲学者アナクサゴラスと彫刻家フィディアスは、少なくとも部分的には道徳的宗教的理由で法廷に召喚された。

女性にかんしていうならば、彼女らはいささかも市民的権利を享受することはなかったが、その法的地位は都市によってまちまちである。スパルタやクレタのようなドーリア的伝統の土地ではその地位は、女性に対して比較的好意的だったが、アテネのように女性がつねに未成年者として扱われ、父親か兄弟、夫あるいは自分の息子の一人の監督下におかれていたところでは、身分は不安定であった。若い娘は多くの場合親がとりきめた相手かその親類との政略結婚をしいられた[1]〔ペリクレス自身が親類筋の女性と政略結婚しているが、当時の上流階級においてこれはごく普通のことであった〕。男の後嗣がいなくてクレロスつまり家の遺産を継いだいわゆる家付き娘《エピクレロス》は最も身近な親類か、あるいはそれができない場合は行政官が指定した男性と結婚することとされた。アテネの女性の生活は通常家庭内でいとなまれ、慎みが彼女の美徳の一つに数えられなければならなかった。そのことはトゥキュディデスがペリクレスの口を通して語っているとおりで、後者は祖国のために死んだ市民の未亡人たちに捧げる弔辞でつぎのように述べた(『トゥキュディデス』、第二巻、第四五章、第二節)。

あなた方が女性の道から逸脱したところをみせなければ、そして男性たちがあなた方のことについて毀誉褒貶の言葉を語ることができるだけ少なくなるように身を処していれば、われわれはあなた方を高く評価することでしょう。

（1）巻末参考文献PF、一四五～一五六頁。

とはいえペロポネソス戦争がながびき、独り身の女性が実生活の責任をますます果たさざるをえなくなると、法律上はともかくこうした考え方に変化が生まれていった。

当然ながら最も不遇なカテゴリーに属する人びとは奴隷である。奴隷は多くの場合外国人か異民族出身者で（スキタイ人、トラキア人、フリギア人、カリア人など）、彼らは相続あるいは売買によって彼らを取得した主人が認める以上のことをほとんど許されなかった。もっともアテネでは原則的には法によって、不当に取り扱われることから守られていた。また解放の希望をいだくことも許された（その場合は、居留外国人となる）。しかし実際には五世紀で奴隷身分からの解放はきわめて稀であった。家のなかで召使いとなる人びとは、多少とも厚遇された。公の奴隷は、当然ながらかなり重要な役割を果たす者であり、市の行政や警察の業務についた。有名なスキタイ人の射撃隊員などはその例で、彼らはペルシア戦争時代から四世紀初頭にかけて、市の下級官吏として働いた。一番抑圧されたのは鉱山労働者となった奴隷である。とくにアッティカのラウレイオン銀山ではたらく奴隷は、きわめて苛酷な環境のもとにおかれた。四一三年、ラケダイモン人がアッティカを占領したとき、鉱山開発事業を市から請け負って効率と収益ばかりを考える雇い主によって情け容赦なく扱われたことから、大量の奴隷が逃亡して敵側に走ったほどである。スパルタではエイロテスとよばれる奴隷が市民の領地の農業開発をささえたが、彼らはラケダイモン人によって征服された土着民の子孫のグループで、一種の農奴である。そのため比較的高い階級意識をもっており、とくに八世紀末頃属国となったメッセニアのエイロテスは周期的に反乱を起こした。

スパルタ社会の階級制はアテネとはちがっていたが、それよりずっと明確だった。すなわち平等者《ホモイオイ》と呼ばれる少数の軍人貴族のみが市民であり、二十歳から六十歳までのごく少人数の彼らの活動は、国家により厳密に組織された軍務だけであった。平等者がつくる共同体の活動で最も実践的な形式は共同食事《シュシティア》で、そこでは各人が応分の負担を負って共同で食事をとるが、負わない者は不名誉の罰として劣等市民《ヒュポメイオン》に降格される。この降格は卑怯者《トレサンテス》（戦闘において震えた者）にも適用される。平等者の数は緩慢だがたえず確実に減りつづけたが、彼らは同輩の中で二人の世襲制の王しか認めなかった。われわれが言及しなければならなかったスパルタ人の大部分（パウサニアス、アルキダモス、アギス）は、この意味での王の称号をもっていた。

こうした国の核となるべき純粋のスパルタ人は最良の土地を独占的に所有しながら自身では耕さなかったが、彼らを中心として小規模な地方的共同体の中で自由で独立した人間として生きる劣格市民《ペリオイコイ》やすでに言及したような奴隷《ヘイロトス》が集まっていた。ペリオイコイは土地を所有し、軍隊で働いたり、職人的仕事に従事したりした。彼らは第二ランクの市民だが、その存在は国の正式な呼称として重んじられた。ペリオイコイは市の経済にとって不可欠な存在であり、それゆえ文書のなかでもスパルタ人といえば、つねにスパルタ市民だけでなく彼らもふくめてラケダイモン人をさしたのである。

Ⅱ　経済生活のいくつかの局面

経済の面における五世紀のギリシア世界の特徴はといえば、まず道具や生産技術の水準がやや停滞気味ながら一様であるにもかかわらず、かなりの不均等な発達水準がみられることである。アテネの突出した発展ぶりをみて、山岳地方のまだそうとうに遅れているポリス（エペイロス、アルカディア）や民族（テッサリア、マケドニアなど）を忘れるようなことがあってはならない。こうした地域の経済は依然としてきわめて原始的で、人びとは自給自足経済で暮らし、需要はかぎられ、交換は多くの場合物々交換であった。独立と孤高を理想とするスパルタも、比較的広い領地を有しながら、やはり五世紀には自給自足体制を敷いていた。これに対し海岸沿いの都市（コリントス、アテネ、その他のエーゲ海や小アジアの都市）あるいは植民都市（シラクーサ、キュレネ、黒海沿岸都市）では、商業をとおして経済はきわめて多様であった。もっとも大多数のギリシア都市は、現代的な意味での経済活動の経験が皆無で、いわんや当時の経済に対応するような言葉すらもっていなかったから、その発展段階にかんして幻想をもってはならない（ギリシア語のオイコノミアは、その語源的な意味つまり「家政」の意味でしかもちいられず、それは三八〇年から三六〇年にかけてクセノフォンが書いた『オイコノミコス』の内容とタイトルに見いだされるとおりである）。さらにアリストファネスの『アカルニア人』（四二五年の芝居）に登場するディケポリスの言葉を信じるならば、ペロポネソス戦争のためにアテネに逃れなければならなくなったアッティカの農民は、かつての村や家庭での自給自足的生活を懐かしんでいう。

町は恐ろしいところだ、私は村を捨てて残念だ。村では人は、決して「炭や酢や油を買え」なんていわなかった。みんな「買う」なんて言葉を知らなかった。みんな何でも勝手にもってきてくれた（第三三～三六節）。

ある都市の政策が、たまたま一種の富の再分配を可能とするようなもので、結果として社会的経済的な効果を生み出すということはあり得た。たとえばアテネの公共奉仕制《レイトゥルギア》（本書六六頁参照）や、報酬制《ミストイ》（本書六〇頁参照）などがその例である。プルタルコスは、完全雇用を目指す社会政策をペリクレスの発案とし、その真の決定的動機はアクロポリスの大事業実現だったとしている。

戦争を遂行するだけの年齢と体力をもつ人びとには、国庫は「ミストイによって」ふんだんに生計費をあたえている、と彼は書いた。しかし入隊していない大量の労働者がサラリーを奪われることも、彼らが何もせずにそれをもらうことも、ペリクレスは好ましくないと考えた。そこで彼は長時間多くの職業を動員するような一大建設事業を、断固として国民に提案した。こうすれば定住民も、営倉で暮らしたり遠征に出たりした兵士や水夫と同じ権利を得て、公金からの援助を受けたり、資金を得ることができると考えたのである……。このようにして［労働力の］需要は、ほとんどあらゆる年齢のあらゆる条件の生活に幸福を分かちあたえ、拡散させたのである（『ペリクレスの生涯』、一二、六、〔巻末参考文献PR2、二五～二六頁〕）。

一、二世紀のあいだに書かれたこの記述を、どう考えるべきか？ おそらくここには時代の取り違えがあろう。五世紀のアテネは、帝政時代のローマではない以上、プルタルコスはペリクレス時代全盛の幸運な結果でしかないものを目的と考えているのだ。同様に五世紀のアテネ人によってなされたさまざまな植民化的事業（たとえば占取殖民制《クレロウコス》〔異邦の地に派遣されても母市の市民資格を失わない制度〕の確立、トゥリオイ、アンフィポリス、ブレアの建設。本書三二頁参照）は、経済的目的というよりは政治的戦略的目的に対応するものである。それらは一部の貧しい市民の困窮を解消したが、彼らはチャンスに挑戦して首尾よく成功しただけのことである。

規模が平均以下の多くの都市では、つまり本質的に農村的な大半の都市では、経済は単純で古代的な段階にとどまっていた。各家庭は地元の資源から衣食を得、土地は若干の大規模な領地とならんだ無数の小さな所有地に細分化され（殖民都市をのぞいた、アッティカをはじめとする大部分の地方のポリス）、果実（とくに油とワインのためのオリーヴとブドウ）、野菜、穀物とそれをもとにした大麦や小麦の菓子を供給する。牧畜は動物を育て、その肉は生け贄の儀式に捧げられ、ミルクはチーズに、羊毛は衣服にかえられる。どの都市でも女性の役割は、家庭内のあらゆる労働において重要である。農業の生産性はだいたいにおいて低く、生産量は少ないが、つつましい消費を満たすには充分である。漁業と狩猟は食品や自然資源（とくに皮）の不足を少なからず補完する。

アテネやスパルタのような大都市の社会的経済的特徴は、家事以外の経済活動の大半とまではいわないがその多く（商業や職人的仕事）が、政治活動にほとんど参加しない人びとの手によってなされている点にある。アテネの外国人、スパルタの劣格市民などがその例である。まだ揺籃期にある銀行的な仕事についても同様のことがいえる。ただ農業と牧畜だけは、奴隷の手を借りる借りないはともかく、市民によって直接的あるいは間接的に運営された。実際少なくともペロポネソス戦争時代に入って（とくに四一三年以後）農村部が荒らされ、アテネで伝統の根本的変動が生じるまで、「農村経済は、程度の差こそあれ、多くの地域で政治社会を支える重要な基礎としてとどまっていた」（Ed・ヴィル〔一九二〇～九七年。フランスの歴史家、ナンシー大学でギリシア史を教える〕）。

すでにみたようにスパルタでは平等者が排他的に軍事活動に従事するのにたいし、劣格市民は職人的仕事のほうにむかった。アテネではソロンにさかのぼる法にしたがって、原則としてすべての市民が何らかの仕事を習得しなければならないが、彼らは多くの場合、職人的仕事か商業に携わった。それ以外の人びとは大地から得られる収穫や収入を生活の糧とした。彼らの活動は本質的に政治的であった。ミストスすなわち公務ならびに軍務にたいするさまざまな報酬が制度化されたのは、賃金労働者《テティコイ》が政治的、法的、軍事的活動に参加できるようにするためであった。五世紀にはまだ民会出席にたいする報酬（ミストス・エクレシアスティコス）はなかったが、ポリスの評議員《ブーレー》にたいするミストス、民主法廷陪審員《ヘリアスタイ》と戦時の水夫にたいするミストスはあった。これらのミストスは相変わらず些少ではあったが、それでも保守派の人びと（たとえば『アテネ人の共和国』を書いた偽クセノフォン）からは非難を浴びた。その彼らに同調したアリストファネスは、鞣し革職人クレオン、ランプ販売人ヒュペルボロス、竪琴製造職人クレフォンのような市民が最高の政治的任務を担ったり、手仕事を生業としなければならないのに語源的な意味での「民衆の指導者《デマゴーグ》(1)」になったりすることを揶揄した。

（1）古典ギリシア語でデマゴーグは、本来「民衆」demosを「導く」ago人の意である〔訳註〕。

五世紀のアテネでは職人の活動が活発で、それは内需を満たすばかりでなく、遠国の顧客の要求にこたえることも多かった。とはいえそれは、まだまだ工業的段階にいたったわけではない。前述の『ペリクレスの生涯』の行文（一二、六）でプルタルコスは、無数の職業団体を挙げているが、それらは四四七年から四三二年にかけて行なわれたアテネのアクロポリス神殿の大建設事業（本書一二六〜一二九頁参照）では、「大工、彫刻家、鍛冶屋、石切職人、金箔師、象牙細工師、画家、象眼師、彫金師、……車大工、荷車挽き、御者、縄製造人、織り師、馬具職人、道路作業員、鉱員」といったさまざまな職業団体が従事した。これらの職人たちは、記録上（とくに数年後につくられたエレクティオン建設費用計算書）で、外国人と奴隷とは同列に並べられているが、小規模の工房で働いていて、それらの工房はほとんど生産性の向上を求めていなかった。三段櫂船建設、維持、修繕は、ペイライエウスで多数の木材加工のスペシャリストが使われたにちがいない。たび重なる戦争は武器製造職人をうるおし、リシアスとポレマルコスの兄弟二人は、盾製造所で一二〇名の奴隷を使っていたらしい。かなりの事業規模だが、これはまったく極端な例外的ケースで、一部の現代の歴史家は、その存在に疑問を呈している。

陶器製造地区は火の芸術の守護神ヘパイストス神殿が建つ丘の麓にあり、陶芸師とならんで金属加工師の工房を擁していた。五世紀における陶器製造はとりわけ重要で、その考古学的発掘によって、われわれはかなり正確な観念をもつことができた。油、ワイン、穀類を入れる粗悪な壺やアンフォラ、装飾のない平凡な食器、タイル、管、白地に金属を模して黒く輝くニスを塗った花器、素焼きの小像、白地に黒い人物像を描いた容器、とくに赤像式（本書一四二～一五〇頁参照）は、芸術的な域に達していた。その仕事はさまざまな工房に分散し、およそ五〇〇人ほどの労働者が従事したと思われ、各工房はもっぱら質を競いあった。というのも、たしかにこの世紀に入って量的に伸びつづけたわけではなく、質も低下したが、それでも質への欲求はなお強かったからである。コリントスやボエオティアの工房と若干競合はしたものの、アテネは赤像式陶器の製造についてほぼ独占権を行使し、アテネの画家や陶器製造職人が大ギリシアに定着するまでそれはつづいた。その頃になるとこれらのアテネ人は、四〇〇年以前は未発達だが四世紀の輝かしい未来を予感させるイタリア陶器の自発的発展の道をひらいた。

五世紀のアッティカの陶器はとくにシチリアや大ギリシアからさらにそれ以外の地域にむかって大量に輸出された。そのことはたとえば、イタリア北部では（フェッラーラの博物館に保存されている）スピナ地下墳墓で発見された無数の容器によってしめされ、またコルシカではアレリアの豪華な墓からも判断されるが、一九八四年と八六年にブールジュでなされた出土品から最終的に証明された。要するにアテネはスパルタや未発達な都市と異なり、外部に向かって大きく開かれ、陶器の輸出と輸入は相当な規模だったということである。

沿岸諸都市（コリントス、アテネといったエーゲ海やイオニア海沿岸の都市）の経済活動の分野において、貿易は大きな位置を占めた。地元小売商人《カペロイ》の小さな取引は、エーゲ海での簡単な貿易と同様各地で盛んに行なわれた。だがアテネをはじめとする大規模貿易の中心地の大商人は、国家によって自由な事業を行なうよう奨励され、一定規模の海上貿易に専心する。五世紀（船大工と船主との協力や信用販売や仲介による取引が始まったと考えられる時期）ごろの海上取引の仕組みや手段はあまりわれわれはよく分かっていないが、その内容と地理的動向は明らかである。

トゥキュディデスによれば以下の一般論はペリクレスのものとされる（『歴史』、第二巻、第三八章、第二節）。

> その大きさのゆえに我が巨大な都市には、地上のあらゆる作物がやってくるのがみられる。われわれはアテネ以外の世界の生産物を、まるでわれわれの土地で得られたものとして、われわれの財産と同じように消費する。

このようにアテネに入ってくるもののなかには、キレナイカのツキヌキヤグルマソウ(1)、カルタゴの刺繍入り絨毯とクッション、アフリカの象牙、エジプトのパピルス、シリアの香料といったエキゾチックな品々がみえることとは、エルミッポス(2)の滑稽詩の断片で証明されている。とはいえ輸入品の本質的部分は、食料品とくに穀物、塩漬け魚など黒海沿岸諸都市で購入されたものや、マケドニアとトラキア産の造船用木材、青銅製品の製造に不可欠の銅や錫などの金属鉱石、さらに奴隷などであった。五世紀のアテネについてイソクラテスは三八〇年頃、つぎのように記している。

ギリシアのどまんなかにある市場としてアテネが建てたペイライエウスでは、他所では骨を折って探しても散発的にしか見られないような品々がふんだんにあふれ、人びとは容易に手に入れることができる（『弁論集』、四二）。

（1）silphium. 古典社会において滋養分豊かな調味料であると同時に薬草として重んじられた植物。北アフリカのキレナイカの重要な輸出品であり、同国の貨幣の多くは、この植物の花が刻印されている〔訳註〕。

（2）スミルナの三世紀末頃の作家。三世紀のアレクサンドリア図書館長カリマコスの弟子。作品は断片しか残されていないが、ディオゲネス・ラエルティオス、プルタルコスらの引用によって彼の生涯が断片的に知られる〔訳註〕。

多くの都市は負けじと輸入を開始したにちがいなく、主として貨幣鋳造用の銀などの金属を輸入した。アテネの輸出品は手工業品が多く、その筆頭は油、大理石とならんで陶器や素焼きの容器などがあった。他の都市でも大理石（パロス、タソス）、ワイン（タソス、キオス、マロネイア）、青銅製品（コリントス、ターラント）、穀類とその他の農業産物（キュレネ、シラクーサ）などを輸出するところがあった。

こうした取引関係の多くは、交換を基礎としてなされたにちがいない。しかし五世紀になるとラウレイオン銀山のおかげで純度の高い貨幣を打刻するアテネの影響のもとに、貨幣経済の進展が見られた。フクロウの紋章の四ドラクマ貨幣はギリシア世界全体に流通し、支払いとして受け取った者にとってこの貨幣は、そのまま、あるいは溶かして土地の貨幣に変形させて使用できる、ちょっとした宝物となった。もちろんそれは「フクロウ」の流通にもとづいたアテネの覇権であったが、この貨幣の奔流は五世紀のアテネに軽いが定期的なインフレをもたらし、たとえば四八〇年頃に二オボロス（一オボロスは六分の一ドラクマ）で買えたものが、四二五年には三オボロスになった。

やはりこの頃から貨幣的評価は、課せられた諸々の任務に対処するために市が徴収するさまざまな税額の算定基礎となった。四七七年からアテネは同盟諸国にたいし艦隊への船の供出をもとめ、それが出来なければフォロス（本書二七頁参照）の支払いを求め、ついで強要した。その年のフォロスの総額は四六〇タラントン（一タラントン＝六〇ミナ＝六〇〇〇ドラクマ）とアリステイデスによって査定された。四五〇年から四四九年ごろに生まれた貢税の過剰分はアテネの国庫（アテナの聖財金庫）に貸出され[1]、これによってペリクレスが推進するアクロポリスの大事業の財政支援が可能となった。ペロポネソス戦争によって財政困難が生じた四二五年から四二四年にかけて貢税は、一四六〇タラントンで上記のインフレーションをはるかにこえて三倍に定められた。

（1）デロス同盟金庫が四五四年にデロス島からアテネに移され、さらにアテナの初穂料として金庫に移された。これはペリクレスの功績とされることが多いが、史的根拠はない。巻末参考文献SA、一一三頁〔訳註〕。

しかし覇権時代とその前後も含めた時期のアテネは、同盟国の貢税とは別の収入源をもっていた。宗教関係の出費は個人に請け負わせた聖地の不動産税の収入による特別勘定でカヴァーされていた。国庫《デモシオン》はいろいろな面から財源を見いだした。まずラウレイオン銀山の開発はペルシア戦争時代に活発化し、富裕な市民に権利が譲渡されながらも、貨幣を発注する市の独占となった。自領内に銀山を所有する他の都市（たとえばタソス、ヘロドトス、第六巻、四六〜四七章）も、同様の独占権を行使している。

アテネ自体は五世紀には本格的な経済政策はもっていなかったが、収入を補うための財政政策はあった。市は外国人から一種の認証税《メトイキオン》を徴収したり、ペイライエウスを通過するすべての製品に二パーセントの税をかけた。その他アゴラで開かれる売り立てや、（たとえば差し押さえ後の）市有財産の売り立てなどにも税が徴収された。こうした税は請負人によって徴収され、彼らは一定の利益をさしひいて残額を市に支払った。必要に応じて特別税（たとえば四一三年の海上取引にたいする五パーセント税）や、四二八年以降の特別財産税《エイスフォラ》(1)さえつくられた。違反を犯した行為者に課せられる罰金も、国庫に納入された。最後に市は最古の伝統にしたがい、富裕層（市民および外国人）の財政負担能力と精神的責任に訴えた。もちろん収入や財産にかかる正規の税がまったくない場合でも、市は彼らにレイトゥルギア、すなわち三段櫂船《トリエラルキア》の艤装ないしその年間維持、演劇の上演のために合唱隊《コレギア》の組織とその準備、さらに体育大会参加チーム《ギムナシアルキア》の訓練と維持等にかかるかなり高額の負担を支払う義務を課した。これらの負担の重さには、それを担う人が五世紀において通常得られるだけの名誉という見返りがあった。

（1）エイスフォラ εἰσφορα、戦時などに用いられる財産に対する直接税。この税はアテネばかりでなくコリントスやスパルタでも実施されたことがある〔訳註〕。

III　前五世紀の政治制度とその発展

ヘロドトスが演出した有名な議論において、いよいよダレイオスを王として選出することとなったペルシアの貴族たちは（第三巻、八〇～八二章）、当然最良の統治方式をさがすべきものとみなされた。彼らは暗黙裏に、王政、僭主政、貴族政治、寡頭政治、（穏健な、あるいは制限的な）民主政の六つを考えた。これらの政治形態は、五世紀に程度の差こそあれ持続的に現われたものである。

1　アテネの民主政とその他の都市の民主政

現代人からみてペリクレスの世紀［前五世紀］の人びとが賞讃に価する理由の一つは、民主主義という言葉を考え出したことにある。この言葉が初めて登場したのは、ヘロドトスによれば（第六巻、四三章）おそらくこの世紀の第三・四半世紀で、このとき人びとは模範的な民主政を確立させたとされる。実はそれは、五〇八年から七年にかけてクレイステネスにより導入された改革から生まれた直接民主政であるが、それ以前五一〇年ペイシストラトス家出身の僭主ヒッピアスは失墜していた。ペイシストラトス家は、五一三年の僭主殺しの二人ハルモディオスとアリストギトンの陰謀を逃れて生き延びた[1]。クレイステネスの政体は最初「平等な再分配」を意味するイソノミアと呼ばれたが、五世紀のあいだに何度か変更された。いくつかの反対運動があり、二度転覆させられたが、四〇三年、民主主義が最終的勝利を収めた。執行権、立法権、行政権、司法権の区別はほとんどなく、すべては民衆の主権にもとづくこの体制における主な構造とは何か？

（1）ペイシストラティス、六〇〇頃～五二七年頃。僭主〔民衆の不満を背景に非合法的に権力を奪取した独裁者。ソロンの改革以後貴族たちの抗争を経て僭主の座に着いたペイシストラティスは、最初は決して暴君的な独裁者ではなかったが、後を継いだヒッピアス政権が晩年暴政から恐怖政治へと変わり、後述のクレイステネスの改革が行なわれた（SA、三五頁）ちなみに「僭主」のギリシア語「テュラノス」と、「トカゲ」サウロスが合わさって恐竜テュラノザウルスになった〔訳註〕。

この主権の最も一般的な表現は、少なくとも理論的には出生や富に関係なく市民全体を集め、各自が発言権（イセゴリア）を有する民会《エクレシア》である。エクレシアはプリュタネイア（以下の記述参照）毎に一～四回例会が催されるが、特別会の場合はもっと頻繁である。エクレシアはとくに国内の立法と外交政策をあつかう。民会はまず、「五〇〇人議会《ブーレー》」〔以下ブーレーあるいは評議会と訳す〕の議員により精査・採決された諸案にもとづいて意見を表明する。アッティカの町村《デモス》を代表するこれらの議員は、クレイステネスによって定められた一〇の部族のそれぞれが厳密な平等性にしたがって代表されるように選ばれた候補者のなかから籤引きで決定される。一〇の部族は、それぞれが都市を名祖《なおや》とし、それぞれエレクテイス、アイゲイス、パンディオニス、レオンティス、アカマンティス、オイネイス、ケクロピス、ヒッポトンティス、アイアンティス、アンティオキスと呼ばれる。これらの部族はそれぞれ三つの三分区域《トリッテュス》と呼ばれる行政区域から形成されていた。一区域に含まれるデモスの数はさまざまだが、いずれもアッティカ内で分けられた都市《アステュ》、内陸《メソガイア》、海岸《パラリア》の三つの地域の一〇パーセントを代表する。予備的審議や規制のほか決定にかんしても重要な権限をもつブーレーが総会のあいまも永続性を確保できるように、一部族五〇人の議員が毎年順番で一年の一〇分の一［プリュタネイア（三五ないし三六日）］だけ公会堂《プリュタイオン》に出席する。そこでプリュタネイスとよばれた当番議員は、全員が各市の指導者となり、そのなかで毎日籤で選ばれた一人が議長《エピスタトス》となった。十進法にもとづく政治上の暦法が、十二進法の太陰暦にもとづく宗教的暦法からは独立したものとなった。都市空間は、民主主義を脅かしがちな従来の貴族の封地を解体し、新たな枠組みで再編された。

　しかしクレイステネスの改革では、選挙資格上位二級までの市民（本書五三頁参照）だけが行政官職《アルカイ》（arkahai は語源的には「指揮」を意味する）に就くことができ、その中心はアルコン職（「指導者」の意。アテネでは六八二年にアルコンの制度が始まって、王政が終わったとされる）である。アルコン職は九人おり、まず名祖アルコン（エポニュモス）、王アルコン（バシレウス）、軍事担当アルコン（ポレマルコス）、他に六人の秘書官役アルコン（テスモテタイ）がいた。四八七年から八六年にかけて、当初選出されたアルコン職は、一年ごとに部族ごとの籤引きで志望者のリストから決められることとなった。古代人の目にこのシステムはいちじるしく民主的にみえ、ことあるごとに利用されたが、実はそれは同じ部族ごとに毎年選挙で選ばれる一〇人の将軍職《ストラテゴス》に有利なように、アルコンの影響力を覆したからである。将軍制は五〇一年から五〇〇年にかけてつくられたが、彼らは部族ごとに任期一年（継続可能）で毎年選ばれる。原則として軍の指揮官であるストラテゴスは、次第にアテネ市の事実上の指導者となっていったが、その最もよい例が（テミストクレス、アリステイデス、キモンの後を継いだ）ペリクレスであった。他の行政官は市民権や宗教的権利を行使したが（とくに財務官職）、その役割は二義的であった。

四五七年以降アルコン職は、ゼウギテス（中流市民）にも開かれたはずである。任務から離れたアルコンはアレオパゴス会の終身会員となった。アレオパゴス会議はクレイステネスの改革前まで、根本的に重要な役割を果たしていた。だが四六二年から四六一年のエフィアルテス(1)の改革によりその実権は縮小されていく。一種の道徳の最高権威であり同時に評議会であるアレオパゴスは、宗教的な事件や血なまぐさい犯罪の問題がもちこまれる簡単な法廷になった。それは行政官の適性能力検査《ドキマシエ》の実施や市の財政管理の務めを失い、後者はブーレーに委譲された。それ以前毎年各部族六〇〇人の割合で籤により選出された裁判官六〇〇〇名からなる民衆裁判所《ヘリアイア》が創設されたさい（おそらくクレイステネス時代）、アレオパゴスは司法権の一部を失っていた。もっともこれらの裁判官は、全体会議にはほとんど出席することなく、いち早く個々の法廷に散らばっていた。

（1）?〜四六二年頃。政治家、四六五年以降将軍職に就く。親スパルタ派で退役後アレオパゴス会の実権を奪いブーレーやエクレシアの実権を確立する法を通したが、反対者により暗殺された〔訳註〕。

エフィアルテスはキモンがいないときに改革を通過させた。キモンは父ミルティアデスのマラトンにおける勝利と自身の軍事的成功とに輝く保守派の貴族であった。五世紀のアテネにおける「貴族の」抗争は激しくなり、有力な政治家たちは一人または複数の敵を、陶片追放で倒そうと努めた。この制度は五〇〇年から四九〇年にかけて生まれたらしいが四八八年から四八七年にはじめて実施された。その手続きは、以下のとおりである。

第六回総会のさい挙手による投票で、今年は民衆は貝殻追放《オストラコフォリア》(1)を望んでいるかを確かめようということになった。この原則が認められれば、告発されるべき人物を示すために第二の(秘密の)投票が行なわれた(この場合人びとは、貝殻《オストラコン》と呼ばれるが陶片の上に追放すべき人の名前を記すことを望んだ)。この第二回目の投票は、おそらく第八回のプリュタネイア総会のさい、実際に行なわれた。この措置の結果がたんなる党派的な決定ではなく民衆の決定とみられるためには、出席者の定足数(六〇〇〇)が必要であった(クロード・モセ)。実際には「党派的」な決定が行なわれたことは、一度ならずあったらしい。なぜならばキモンは別として、明らかにまじめな民主主義者であったアリステイデスやテミストクレスも攻撃されたからである。

(1) オストラコンはギリシア語で「貝」を意味するのでこう訳されるが、以下の本文にみるように実際には陶片が使われたので、「陶片追放」というのが正しい。この問題については巻末参考文献SA、六一〜六八頁〔訳註〕。

エフィアルテスにかんしていえば、彼はしっかりアテネの政務の舵取りをさせるために、ペリクレスに自由な道を開いたまま、四六二年早々暗殺されてしまった。

アテネの本格的な民主主義が生まれたといえるのは、四六二〜四六一年からである。市の上級職に就きうる特権が最も富裕な市民から奪われはしなかったものの、民衆によるコントロールによって、彼らの政治的独立性が失われた。アテネの貴族階級は富と政務の伝統を保持していたが、彼らは民衆の意志と矛盾しないことに同意する場合でしか、つまり民衆の意志を導くことができる限りでしか、もはやその影響力を駆使することはできなくなっていった（エドワード・ヴィル）。

それこそが、ペリクレスが行なおうとしていることだった。

クサンティッポスとアガリステはともにアテネの貴族の家柄に属し、その二人のあいだの息子として、四九〇年頃ペリクレスは生まれた。彼について語るとすれば、トゥキュディデスとプルタルコスの著作から何頁かを引用しなければなるまい。彼自身は四三〇年に行なった演説において、アテネの民主主義を次のようにみていた。

われわれの政治体制は他国の法をモデルとしてはいない。われわれは模倣者ではなく、むしろわれわれ自身が他国のお手本なのだ。この体制の名称はといえば、物事はすべて少数ではなく、多数によって決められるから民主主義である。民主主義とは個人に帰着するようなものだろうか？　個人間の争いごとにかんしては、法は万人にたいして平等である。他方称号にかんしては、人がある分野で傑出すれば、彼を公職に近づけるものは属する階級ではなく、その功績である。逆にいえば、貧しくとも国家に対して働くことができる人間は、低い地位によって活動を妨げられることはあり得ない（トゥキュディデス、『歴史』、第二巻、第三七章、第一節）。

実際ペリクレスは国にたいして働きのあった者にたいして報償金を支払うミストフォリという制度を実現した（本書六〇頁参照）。

四四三年から四三〇年までペリクレスはストラテゴスに選ばれつづけ、その間彼はアテネの事実上の指導者となった。地味だが的確な弁論のおかげで、彼は聴衆を説得し、民会でほとんどつねに多数票を獲得することに成功した。四四三年に保守派のライヴァルの一人で、メレシアスの息子トゥキュディデス（オロロスの息子で歴史家のトゥキュディデスと混同してはならない〔『歴史』、第四巻、第一〇四章、第四節〕）を陶片追放にしたのは、その一例である。歴史家のトゥキュディデスはすでに引用した有名な一節で（本書七頁参照）、ペリクレスが果たした重要な役割と彼の政治的明察を次のように要約している。

平時にアテネの首長の座についているあいだじゅう、ペリクレスは穏やかに市政を運営し、しっかり見守っていた。だからこそ、彼の治世のアテネは、最も偉大な国家だった。戦争がはじまっても、彼は何がアテネの力となるかを見抜いているようであった。それまでに得た実力を通して、民衆がいかに奔放になろうともよく抑え、彼らに引きずられることはなく、逆に彼らを導いた。実際非合法の資源から手段を借りてはいなかったし、決してお世辞をいうこともなかった。それどころか他人から受ける尊敬を利用して、彼らの怒りに対抗しようとした。いずれにしても、彼らが常軌を逸して傲慢な自信に陥るのをみるや、つねに彼はその言葉で相手の耳朶を打ち恐れさせた。さらに彼らが無意味な恐れを覚えれば、彼らを安心させた。デモクラティアという名において政治を実行した、彼は最初の人物であった（トゥキュディデス『歴史』、第二巻、第六五章、第五、八～九節）。

彼は開明的独裁者だったのだろうか？　それはありえない。なぜならばペリクレスは、彼の人格が発散する力以外、いかなる個人的な権威ももっていなかったからだ。ただ彼の民主主義はたしかに覇権主義的であったが、穏健で開明的であった。というのもペリクレスはテミストクレスの思想を受け継いで、アテネの絶対的支配を確信はしていたが、既得権を無制限に拡大させたりせず、それを維持し、それを活用したいと考えたにすぎない。

ペリクレス亡き後、民衆派《デモス》の彼の後継者たちは、クレオンのようなデマゴーグやアルキビアデスのような野心家もふくめて、極端な覇権主義を唱え、スパルタと交渉することを何度となく拒否した。ペリクレスのような賢明な助言者のいないこうした過激化した民主主義は、まず不幸なシチリア遠征を誘発し、その結果は四一一年の寡頭制樹立の企てや、最終的にはアイゴスポタモイの大敗となって現われ、さらにはいらだった貴族らが集まるヘタイレイアという一種の政治結社によって組織された「三〇人僭主制」の介入を招いた。

四〇三年に民主主義が回復したとき、それは危機以前の時代と同じ様相を残していた。みるべき変化といえば、せいぜいブーレーが法的権能をヘリアイアつまりアテネ民衆裁判所に譲ったことぐらいであった。立法者《ノモテーテス》の委員会は、市の法律の完全な見直しや整理を担当するようになった。と同時に四〇三年から二年にかけてエウクリディスがアルコン職に就いたとき、公文書におけるアルファベットと音標文字にかんする改革がなされた[1]。

（1）エイクレイデスとも発音されるこの人物を三世紀の有名な幾何学者のユークリッドと混同してはならない。四〇三年、執政官エウクリデスのもとで、アルキノスはアテネにおいて命令を出し、法文はそれまでのローカルなアルファベットに代えてイオニア語のアルファベットを使用することとした。これによって他の都市も次第にこの文字を公式の文字として採用するようになっていった〔訳註〕。

四世紀になって行政と評議会は、安定的で着実な働きをしてみせた。それにひきかえ、民会は依然としてシステムのウィークポイントだった。それは、いろいろ現実的な理由から、市民全体を集められなかった。最大でも参加者は二〇パーセントに達せず、当然市民を代表してはいなかった。参加者の構成は、実質的には富裕貴族と貧しい市内住民、中産階級（そういえるかどうかは別として）などの混淆であった。農民は議場から離れて住み、市内の職人は仕事が忙しくて出席できなかったし、できても長時間留まることはできなかった。したがって弁論の巧みな論者は、一日が終わるころ、説得すべき聴衆が多くなくなるときになってかなりの票を集めることができた。結局民会とくらべて評議会は、少なくとも地理的にはアテネ人のあらゆる要素を代表していた。評議会議員の仕事は大変で、ミストスつまり報酬がでるとはいえ余裕のある市民のあいだから選出されることになるので、議会は比較的穏健で保守的な分子で成り立っていた。これにたいして民会は、とくにペリクレスのようにそれを指導する者がいないと、極端に過激になりやすい。しかし「選別機能をもつ立法府は、同時に考える組織、市民的良心の働く場であり、その神聖さはプリュタネイオンの竈の火[1]によって喚起されていた」（エドワール・ヴィル）。五世紀のアテネで最も勢力を得たのは、すでにみたようにストラテゴスであるが、それは彼らがときとして全権を備えた独裁者（アウトクラテス）であったからではなく、彼らが選ばれること自体が彼らの実力を保障していたからである。とはいえ行政職の合議制的特徴は、ペリクレスのようにその個性で周囲を圧倒するような場合をのぞいては、権力の独占の危機を予防する働きをした。

（1）アテネのアゴラにあるプリュタネイオン（都市国家の「政府高官の家」から転じて市庁舎、公文書館、宴会室などがあった）は円形建築トロスの形をしており、その内部にはアテネの不滅を象徴するため、竈の女神ヘスティアに捧げられた火が決して消えることなく点されていた〔訳註〕。

われわれにはアテネはその都市的規模と政治体制にかんして残されている情報量から最高のケースに思われるが、だからといってギリシア世界に他の民主政都市国家が存在したことを忘れてはならない。たとえばキオス島の民主政は、アテネより古い可能性がある。大きな都市ではアルゴス（おそらく四九四年以降）、シラクーサ（ディノメネス朝の失墜（本書八一頁参照）からディオニュシオス一世即位まで、すなわち四六六～四〇五年まで）、さらに程度については特定しがたいがキレネ（バットス朝末期以後四四〇年まで）などがその例であるが、これらは多少ともアテネの民主政（アテネではヘライアと呼ばれた下院、上院、行政職、裁判所、シラクーサでは葉片追放と呼ばれたオストラキスモスの実施）に類似し、全面的な民主政と制限民主政のあいだを揺れ動いていた。デロス同盟でアテネとむすばれた都市では、覇権主義的なアテネによって民主政を強いられた。これらの民主政については、残念ながらあまり分かっていないし、その存在を認めるだけで、それ以上のことを語るのは困難である。

2　スパルタの寡頭制と、その他の都市国家の寡頭制

寡頭制の都市はたくさんありながら、それについてもわれわれは多くのこと知らないし、例外のスパルタは実をいうと特殊な例なのである。これらの都市には一つないし複数の評議会、行政機関、さらに市民総会などがある。しかし一般に自由人のあいだでは公的機関への道は、出生、財産、軍事的能力などの条件によって制限されていた。議会はほとんど登録制の組織でしかなく、実質的な権力は、選抜あるいは世襲の行政官によって行使されていた。コリントスをはじめペロポネソス同盟の諸都市は寡頭制であり、同様にテーベやボエオティアの大半の都市、さらにテッサリアやクレタの都市、大部分の小アジアの都市、大ギリシア、シチリア（シラクーサをのぞく）、極西の都市（たとえばマルセーユ）などが大土地所有者からなる寡頭制のもとにあった。これらのうち一部の都市は、国内の反乱を避けたり鎮圧するために市民階級への接近条件を徐々に修正しながら民主政へ歩をすすめていたが、逆にスパルタのようにその立場に固執する都市もあった。

古代人の目からみればスパルタは寡頭政都市国家のお手本であった。ラケダイモン人の都市は、少数の平等者であるスパルタ人がペリオイコイ（本書五六頁参照）を抑えて主権を独占しているという意味において寡頭制であった。とはいえこの少数派のなかでも、貴族派と、寡頭派と、民主派のあいだで権力の分割が存在した。平等者なら誰でも、毎月一回開かれていたらしい民会《アペッライ》に近づくことができた。とは

いえこの議会は、元老院《ゲルシア》に従属している。後者は選抜されれば終身職となる議員と六十歳以上の議員二六名と、二つの名家出身の王からなり、両王は一世代おきに王位を継承しあう世襲制だが、実際には彼らは一種の行政官で、その権力は軍事と宗教面に限られていた。同様に毎年改選される五名の監督官《エフォロイ》も行政官であり、かなりの規制権と決定権をあたえられていた。軍事的指導者が両王のどちらでもない場合がときとしてあった。たとえば艦隊司令官リュサンドロスは、スパルタの政治で第一級の役割をはたした（本書四五頁参照）。しかしそれは半ば伝説的立法者リュクルゴスの時代にさかのぼるとされるこの制度にとって偶発的なことであり、些末で改めることは論外な事実であった。

寡頭政の都市のなかで手を結んでコイノン（文字通りには共同体〔この言葉は現在では「連邦組織」とか「拡大されたポリス」などと訳されることが多い〕）に属することによって、主権の一部の放棄を認めるものがあった。これはいままで述べたような同盟、連合、連盟と違って成員となる国家間の結びつきははるかに緊密で、そこでは市民と市民をむすびつけるシュンポリテウオ(1)（市民同士の共同性〔二つ以上の都市が共通の市民性において統一されること〕）やイソポリティア(2)（市民同士の平等性〔一種の都市間の協定で、相手の都市でその地の権利を享受できるようにすること。具体的には三六七年、アイトリア地方で形成された都市同盟で利用された制度〕）が存在した。

（1）巻末参考文献CPG、四九五頁。
（2）巻末参考文献CPG、四九一頁。

五世紀に連邦制的都市国家で最もよく知られている例は、ボイオティア・コイノンである。これはエジプトのオクシュリュンコスで発見されたパピルスに保存された無名の歴史家の記録によって知られているもので、[1]四四七年、ペルシア戦争のさいペルシア側に与していったんは消滅したテーベ、オルコメノス、テスピアイの三市を中心として結成された。同時にそれは四五七年から四四七年にかけて寡頭政下のボイオティアにアテネ型民主政を定着させようという企ての結果でもあった。ボエオティアはこれによって人口に応じて定められた一一の地域に分割され（たとえばテーベは、二地域に数えられた）、各地域は六〇名のメンバーを連邦評議会に送った。テーベにある評議会は、同時に政治・財政面で決定権をもつコイノンの審議機関を構成した。

コイノンの執行権は、各地区の市議会で選出された合計一一名のボイオティア人に託された。彼らの主要な任務は軍隊の指揮で、各自は順番で最高指揮権を行使した。部隊は民兵からなり、各地区は一〇〇〇名の重装備兵と一〇〇名の騎兵を提供するべきものとされた（クロード・モセ）。

(1) オクシュリュンコスは、ナイル西岸の村ベネサのギリシア名。ここで発見されたギリシア、ラテン、エジプト、ヘブライ、シリア、アラビアの各語で書かれたパピルス文書は、古代史の貴重な資料である〔訳註〕。

連邦裁判所はコイノン組織の補助機関だが、そこではテーベ市が絶大な影響力をふるい、四世紀の一時期にはペロピダス、エパミノンダスらを通じて全ギリシアの上にたって指導的役割を果たした。

オリュントス市を中心として四三〇年頃につくられたカルキディケ連盟〔デロス同盟から離反し、オリュントスを首都として成立したコイノン。市民権、法を共有、連盟通貨を発行〕については、それほどよく分かっていない。それは連邦部隊と、連邦諸税で補充される金庫を保持し、各成員都市の市民はシュンポリテイアをもっていた。フェレス、ファルサロス、ラリッサを中心として形成されたテッサリアのコイノンの場合も、メンバーを結びつけているのは共同市民性であり、それは四分領主《テトラルコン》〔一つの領地を四つに分けてその一つを統治する領主〕の支配のもとにおかれた地域《テトラドス》に四分され、ついで四世紀半ば、テトラドスから任期一年で選ばれた軍司令官《ポレマルコス》に服することになった。財政と外交政策において主権を握る議会が君主《タゴス》を選び、その周囲に本質的にはポレマルコスや騎兵隊長《ヒッパルコス》と同様軍事的職能をもった行政官が配され、テッサリア騎兵大隊を率いた。(1)

(1) テッサリアのフェレスの王イアソンは、四世紀テッサリアの統一を図るため、かつての同盟国テーベとマケドニアの介入を誘発し、結果的にマケドニアの王フィリッポス二世によるギリシア征服への道を開いた。テッサリアのコイノンは、この統一の企てのなかで生まれた〔訳註〕。

3 僭主制と王政

僭主政は数こそ減ったが、五世紀になっても少なくとも一時的あるいは突発的に存続していた。たとえばシチリア、カラブリアのレギオン〔現在のレッジョ〕は、いわゆるギリシア本土から王政が消えたときも、その治下にあった。五〇二年、シチリアのゲラは僭主クレアンドロスにこの制度の道を開いたが、彼は四九五年に暗殺され、ただちにその後を継いだ弟ヒッポクラテスは、土着のシクル人やシチリア東部のギリシア都市を犠牲にして領土拡大政策をとった。そしてレギオンの僭主アナクシラスとまみえ、さらにシラクーサと衝突した。彼の死後、四八五年頃副指揮官の一人で、デイノメネスの息子ゲロンが僭主政の流れをかえ、本格的な王朝を樹立した。彼はゲラを弟ヒエロンに託し、自身はシラクーサに腰を下ろした。そこの地主階級が無政府状態に終止符を打ってもらうため、彼を呼んだからである。シチリア東部の大部分を掌握した彼は、三段櫂船二〇〇隻を提供され、また四八〇年、アグリジェントの僭主テロンと提携し、ヒメラの玉座から逐われた僭主テリロスとアナクシラスの求めで不用意にも彼に対抗しようとしたカルタゴ軍にたいして大勝利を収めた。それはディノメネスの最盛期であった。ゲロンは四七八年に亡くなり、地位を譲られたヒエロンはクメスの沖でエトルリア軍に大勝した（本書二五頁参照）。末弟トラシュブロスは四六六年に失墜し、ようやくシラクーサには民主政が戻った（本書七六頁参照）。その後僭主政は他の都市でも急速に姿を消したが、世紀の末、ディオニュシオス一世によってシラクーサで息を吹き返した。だが四世紀を対象としている本書で、彼の歴史をもちだすわけにはいかない。こうして西欧の僭主政はその軍事力とそれに関連した領土拡大によって、後にピンダロスが一再ならず称揚することにためらわなかった輝きを経験したわけである。

テーベの詩人ピンダロスは、われわれをキュレネにも導く[1]。そこではバットス王朝が代々権力の座にあり、バットス四世（五一五～四七〇年）とアルケシラス四世（四七〇～四四〇年）がつづいたが、この二人の王が実は僭主として振る舞った。そのためこの世紀の半ば頃激変が起こって共和主義的というが実際は貴族主義的体制が確立した。だがその模様がどのようなものであったか、われわれはよく分かっていない（本書七六頁参照）。

（1）ピンダロス、『祝勝歌集』、「ピュティア第四、五歌、キュレネのアルケシラオスのために」参照。巻末参考文献PS、一四二〜一八〇頁〔訳註〕。

ギリシアの王国のなかで最も強力で、しかも五世紀まで控えめに生きてきた国は、マケドニアである。それははたしかにやや遅れていたが、未開の地と侮ってはならない国になっていた。その君主の一人で四九五年から四五〇年まで生きた王は、すでにアレクサンドロスと呼ばれ、この名では一世である。先代、つまり父親アミュンタス一世はペルシア帝国と同盟関係でむすばれた。彼の後継者ペルディカス二世とアルケラオスは、アテネとあるときは同盟関係にはいったり、またあるときはカルキディケ問題（とくに四三二年のポティダイア問題[1]、本書三二〜三四頁参照）で諍いあった。五世紀頃のマケドニア王朝はよく知られていないが、世襲制の国家で（といってもアルゲアデス朝内部では跡目争いがあった）、半封建制がしかれていた。領土は一部山岳地をふくんで広く、いくつかの貴族の名門が地方的権力を握る一方、その成員で最も傑出している盟友《ヘタイロイ》、親衛隊《ソマトフュラクス》、王の友人《フィロイ》たちは王をとりまき、同輩者中の第一人者として敬った。宮廷はアイガイ、ついでアルケラオスの時代からペッラにうつったが、そこはフィリッポス二世からアレクサンドロス大王の治世においてなお首都であった。

（1）カルキディケ半島西側の地峡パレーネにつくられたコリントス人の殖民地。マケドニアのフィリッポス二世によって破壊されたが、後にアレクレンドロス大王の副将〔ディアドコイ〕カッサンドロスによってカッサンドレイアとして再建された〔訳註〕。

第三章　知的混沌と哲学、科学、文学の隆盛

「ペリクレスの世紀」において目につくのは、政治体制の多様性と重要事件の多さだが、それ以上に際立っているのはこの時代の思想家が抱いた、しばしば革命的な思想の豊かさである。と同時にこれらの思想の一部がとくにアテネにおいて拡散し、それが世紀末のペロポネソス戦争という事件とあいまってさまざまな心性の変遷を生み出したことも注目すべき特徴である。とはいえ要点はただちに明らかである。すなわち五世紀のギリシア人はもとより、アテネ人のすべてが革新的な思想家であったなどと考えてはならないということだ。五世紀最後の四半世紀にアリストファネスがしばしば証人として登場させる言葉なき大衆は、とりわけ習慣と宗教において伝統主義者であり、新思想の足取りは重い。哲学者によって説かれる理論と、平均的市民をはじめペリクレスのように個人的には前衛的思想をもつ人びとをふくむ国家の責任者までもが染まっている日常的慣習とのあいだには、しばしば大きな開きがあった。そうした人びとは、国の一体性を保つために、とくにその宗教的伝統を墨守することをためらわなかった。したがって地域的、地方的伝統に根ざした齟齬はもとより、知識人の考えと一般大衆とのあいだで大きな矛盾が起こることが多かった。われわれは五世紀の一般国民の精神の大きな方向を見定めなければ

ばならない。われわれの最大の関心は、五世紀に生まれたばかりの、しかし将来性に富んだ思想が、後にどのような大きな影響をもたらしたかという点にあるが、とはいえそれらが当時の人びとにとっては必ずしも興味深いものではなかった。

これらの思想を、どうしたら知ることができるか？　これは重大な問題である。というのも多くの場合われわれは、五世紀の最大の思想家の原典を（ソクラテスのように自分では何も書かなかったとか、前ソクラテス派や雄弁派のように作品がわずかな断片としてしか伝わっていないとかいった問題は別として）、まったくもっていないからだ。そういう場合われわれはやむなく後世の記録、たとえばプラトンやアリストテレスならば数十年後のもの、ディオゲネス・ラエルティウスならば数世紀後のものに頼ることとなる。つまり五世紀の大部分の先駆者の思想をわれわれに伝えてくれるのは、間接的な伝承だということだ。しかし伝承とは、そもそも一種の裏切りになりかねないのではないのか？　とすれば、もしわれわれが五世紀の思想的潮流を直接に把握しようとし、さらに偉大な思想家の理論を間接的に理解しようとするならば、作品が当時の世論や思想の変遷をしめすような同時代の作家、つまり詩人、劇作家、歴史家（彼らの第一の関心は必ずしも哲学ではない）の文章に関心を寄せざるをえないであろう。

Ⅰ　アテネを中心としたギリシア世界の思想的開花

五世紀について注目すべきであるにもかかわらず、「ペリクレスの時代」という呼称の影にかくれてしまいそうなことは、最も大胆かつ最も偉大な改革者的思想家たちがアテネ人ではなかった、ということである。多くの哲学者、大部分のソフィスト、かなり多数の学者たちが、アテネに（とくにペリクレスの影響下にあるアテネに）何年間か逗留はしたが、ソクラテスをのぞけば、アテネ生まれの人はごくわずかである。彼らの多くの祖国は、イオニア、シチリア、イタリア南部、ギリシア北部であり、他方部的とはいえ作品が伝わる五世紀の作家の大半はアテネ人である。そして彼らのおかげで、われわれはペリクレスの都市における思想的変遷を最も正確にたどることができるのである。

1　前ソクラテス時代

伝統的に「前ソクラテスは」と呼ばれる哲学者や学者のなかでも、思想家としての傾向は実にさまざまで、時代も七世紀から五世紀までと幅が広い。彼らに共通しているのは、いずれも因果関係の研究に熱心な学者であると同時に、世界や自然にかんする体系的な理論を構築する哲学者であるという点だ。ここではわれわれは五世紀に属する前ソクラテス派の思想的研究を深めるわけにはいかない。もちろんわれわれは彼らの教義を、各自がもたらした独創的な部分に焦点をあてることによって簡単に紹介はする。が、それ以上にわれわれは彼らの同時代人におよぼした偶然的影響や、古来からの神秘思想にたいして彼らが開いた合理主義への道や、懐疑主義や相対主義へと通じる抽象的思考への道の解明に力を入れるであろう。

ミレトス出身のターレス、アナクシマンドロス、アナクシメネスは四世紀の人びとであるが、その宇宙学にこのさいわれわれの関心はない。エフェソスのヘラクレイトス、コルフォンのクセノファネス、サモスのピタゴラスは六世紀に生まれたが、その生涯はペルシア戦争の時代までつづいた。古代人自身が「暗い人」と字をつけたヘラクレイトスについていうならば、「万物は流転する」や「同じ水の流れで二度と浴びることはない」(断片集九一)という彼の主張から出発しなければならない。すべては永遠運動の力のように、生成の過程にある、つまり永遠の回帰を生み出す輪廻転生だというのだ。

この永遠運動は対立物の拮抗から生まれるが、それは破壊的であるどころか宇宙の存在を保障するものである。なぜならば「対立物は一致するものであり、調和とは、相異なるものから生まれる」(断片集八)からである。世界は合理的で神聖な原理、ロゴスによって管理されており、ロゴス(言葉であると同時に理性)は対立物の統一から生じると同時にこの統一を保障する。一般に人びとはこの統一を誤解するが、それは古来からの神話の神々とは何の関係もない。

クセノファネスにとってあらゆる事物に通じる唯一の原理は、唯一者であり、それは神である。この神もまた、ホメロスやヘシオドスが示したような伝統的な神々とはまったく無縁である。ピタゴラスはサモス島に生まれながら、クロトンに追放されたが〔五三〇年頃?〕、そこで学派というかセクトを創立した。その成員はまるで秘蹟を教えられたかのように絶対的秘密を守ることを義務づけられた。後代の人からみれば、ピタゴラスは何よりもまず彼の名を冠した定理によっていまなお有名な数学者である。彼によれば「事物の本質は数であり」、それは宇宙探求の原理を提供してくれるものだ。ピタゴラスの影響力は広く大勢の弟子におよび、彼らはイタリア南部のクロトンで政治的冒険を企てた。そのち四五〇年頃、貴族主義的排他主義を主張して追放されたうえに抹殺された。[1] ピタゴラス学派の影響は、こうした政治的面よりもギリシアの音楽や建築にたいしてより広くしかも持続的に作用し、それにもとづいた建築物は、特殊な数的関係を基礎として完璧な調和を生み出そうとした。

(1) 当時民主化の途上にあって動揺していた南イタリアを貴族主義的方向に導こうとしたピタゴラスは、メタポンティオンに逃れその地で死んだ。その後学派は迫害され、その一部はギリシアに逃れ、プラトンらに影響を及ぼした。巻末参考文献HT、一一六〇頁〔訳註〕。

エレア学派の創始者、エレアのパルメニデスは五一五年頃生まれ、四五〇年頃没した。彼は多様性と運動を否定する世界の知的ヴィジョンを提示し、あるのは万古普遍不動の存在だけだとしたが、この考えはクセノファネスの唯一者を思わせる。パルメニデスの思想は、遺された一五五節からなる六歩格の詩編において表明されているが、その荘重な序文はあたかもこの哲学者が文字通り真理をとらえた人であることを示す。彼の思想は、四八九年に生まれて有名な難題〔矢、走者のパラドックス〔巻末参考文献MM、四、三四〜三五頁参照〕、亀を追うアキレス〕をつくったエレアのゼノンによってラディカルにされた。ゼノンはその難問によって多数性と運動が不可能であることを証明しようとしたのだが、これは存在論や純粋論理に執着する哲学者の信念かあるいは精神的ゲームというべきだろうか？　いずれにせよ、抽象的思考とパラドックスに対する思考を極端に追求した例証としてこれ以上のものはあるまい。五世紀中葉に入るとエレア学派は、経験主義的知識を思い切り激しく批判した、サモスのメリッソスによって代表されるようになる。

　パルメニデスは、一種の預言者のように考えられていた。アグリジェントのエンペドクレスも、その点では同じである。四九〇年に生まれ四三〇年に亡くなった彼は、その詩『浄め《カタルモイ》』でマギとして初登場し、当時のシチリアでときにはみずからを死に打ち克つ魔術師としてとおし、奇怪な状況のなかでエトナ山の火口に身を投じて死んだ。彼は『自然について《ペリ・フュセオス》』という長編の詩も書いたが、そのなかでおそらくはヘラクレイトスとパルメニデスに啓発されて、四つの根元、四つの神聖にして不滅の要素すなわち大地、水、空気、火を挙げ、それらは霊魂がくわわる永遠の転生のなかで愛の作用によって組み合わせられ、争いによって離反しやすいとした（このことから彼は、ピタゴラス派も執着した輪廻転生を信じたとされる）。

　世紀前半のこうした思想家たちすなわちヘラクレイトス、パルメニデス、ピタゴラス、エンペドクレスらは、われわれの目に多くの点で古典的素朴派のように映るかもしれない。しかし彼らはその世界を分析し、解明したいという願望によって、世紀後半に入りとくに道徳と政治に密着しながら、神秘思想や宗教的観念から抜け出していく人びとに道を開いたのである。

とはいえ純粋な思想家と、その思想を実践しようあるいは実践させようとする人びとのあいだの境界線は、必ずしも明確ではない。最初の範疇には五〇〇年ごろ生まれたミレトスのレウキッポスさらに四六〇年頃生まれたアブデラのデモクリトスらが属すると思われる。二人はいずれも、無神論的唯物論の嚆矢であり、世界の哲学の主流となるべき原子論の創始者であった。

原子論はそれなりにエレア派とヘラクレイトス派の総合となっている。エレア派からは原子（分割不能な基本的要素）に帰せられるべき存在の普遍性をうけつぎ、ヘラクレイトスからは変化を説明すべき認識可能な多様性と多数性の必然性をまもった（ジャン・ブラン）。

原子は偶然と必然とによって生じた一種の宇宙的混沌における純然たる機械的運動にしたがっており、それ自体で万物の根拠である。同じような性質をもつ思考と感覚をそなえた人間は、原子が動きまわる無限の空間にたいして恐れを抱いてはならない。逆に彼は静かで穏やかな状態にとどまり、つぎの三つの価値を大切にしつつあたえられた人生を適度に楽しむべきだ。すなわちよく考え、よく語り、しなければならないことをすることの価値である。なぜならば「悪い行ないをしたとき、人間はまず自分自身に恥じなければならないからである」（断片集三四）。無神論は必ずしも不道徳や懐疑主義に通じるわけではない。というのも奇妙なことだがデモクリトスは、予言を信じていたと思われるからだ。

これよりはるかに大きくて直接的な影響力をわれわれは、クラゾメナイのアナクサゴラスにたいして認めたい。五〇〇年頃生まれて四六〇年頃アテネに落ち着いた彼は、そこでペリクレスの友人となり、市の神々を信じなかったために不敬罪の咎で市から逐われ、四二八年にランプサックで没した。アナクサゴラスにいわせれば、「魂をもつものは、最大のものから最小のものをふくめすべて『精神』に服する」（断片集一二）。この「精神」すなわちヌースは無限で永遠で全能であり、一種のありがたい理性である。アナクサゴラス思想の解釈者のなかにはこれを神と解するものもいるが、むしろそれは世界を司り、根源的なホメオメリエス（同じ分子〔ομοιος〔ホメイオス〕＝同じ：μερος〔メロス〕＝分子の合成語）を集合させる抽象的原理とみなすべきであろう。この意味ではアナクサゴラスは原子論者に近いが、ただしヌースは偶然を必然におきかえるものである。微少物体である人間もまたヌースによって、ときとしては彼自身の精神や理性によって導かれる。アナクサゴラスは無神論者というよりは不可知論者であり、ペリクレスばかりでなくソフィストつまり修辞学者と呼ばれる人びとに影響を及ぼした。

2 ソフィスト

前ソクラテス派の抽象的理論は、かなり限られた数の知識人にしか影響をあたえなかった。彼らの一部はその考えから実践的な結論をひきだし、世紀後半になって指導的階級の子弟にたいする道徳や修辞学の教師として、アテネをはじめギリシア各地に広がっていった。前ソクラテス派の人びとは、ギリシアのさまざまな都市の出身者であったが、主要なソフィストたちも同様である。たとえばプロタゴラスはアブデラ、ゴルギアスはレオンティノイ、ポロスはアグリジェント（シチリア）、プロディコスはケオス島、ヒッピアスはペロポネソス半島北西部のエリス、トラシュマコスは小アジアのカルケドンのそれぞれ出身である。つまり彼らは、彼らが教えているほとんどすべての市において外国人であり、したがってあらゆる個人の政治的野心を抱く可能性から解放されていた。つまり人びとの教育につくすことができる立場にいた。実際彼らは五世紀の最後の三分の一世紀に重要人物の教師となっていった。とくにあらゆる人びとが教えにやってくるアテネにおいて、彼らは多くの領域で相当な影響力を発揮した。

恵まれた家の若者たちが何より求めた教育は、市の政治に重要な役割を果たせるようになるための教育である。ソフィストたちは高い金を支払わせて、プラトンの言葉によれば『政治学』(プロタゴラス、319a)の講義をあたえた。たしかにプラトンの著作は、そうした新しい師匠たちを登場させ、対話のなかで考えさせるようにしている。政治的成功は、少なくとも民主主義社会では国民を説得する能力とむすばれているので、ソフィストたちは生徒にレトリックや、ときには大胆にも弁証法を教えたであろう。彼らにとって、目的は手段を正当化するということだ。とはいえソフィストたちはマキャヴェリ的な雄弁を操ってばかりいたわけではない。すでに述べたように彼らは前ソクラテス派の思想に啓発された考えをもっており(現代の著作のなかには、彼らを前ソクラテス派に分類するものがある)、ジャクリーヌ・ド・ロミリーの適切な表現によればこれら「プロの知識人」たちは、堅固な批判精神をそなえ、プロタゴラスの有名な寸言「万物の尺度」と呼ばれる人間に全幅の信頼をよせる合理主義者たちであった。彼らは伝統的な道徳の根本を検証し、人間中心の観点において新たな価値観を提示した。最もまじめな人びとは道徳問題、とくに個人的責任の問題や、自然と教育の関係、修辞学と正義や真理の関係の問題にたいして敏感であった。

四九〇年頃生まれて四二〇年頃没したプロタゴラスは、ペリクレスの時代にアテネに定住し、彼と親しくなり、四四三年にはトゥリオイの立法組織を彼に託した。他方都市計画にもとづいた新都市の計画と開発は、ミレトスのヒッポダモスの仕事となった。前ソクラテス派からソフィストへうつる途中で、ヒッポダモスに触れるのは時宜に適している。というのもヒッポダモスはたんにいささか変わったエンジニアや建築家ではなかったらしいからだ。アリストテレスはいっている（『政治学』、1267b）。

彼はあらゆる自然科学において博識であろうとしていた。公職に就いていない市民のなかで、最良の憲法にかんする論文を書こうとしたのは、彼が最初である。彼は三つの階級に分けられた、人口一万人規模の都市を理想としていた。すなわちまず職人階級、労働者階級、三番目は軍人と警察官の三つである。さらに彼は三つの区域の分割を考えた。すなわち聖域、公的空間、私的空間である。聖域は神々に捧げられ、二番目は軍人が生活の手段をえる場所、三番目は労働者に割り当てられるのである。

要するにここにあるのは理論と実践への関心であり、いずれの関心も政治へ大きく転回するだろう。プロタゴラスの道徳意識の基礎をなしているのもやはり政治的関心であり、全体の利益の合理的で考え抜かれた研究である。彼の相対主義はぬきんでた価値というものをみとめないし、そのプラグマティスムは「市内に友情を生み出す調和と絆が存在するように」（プラトン、『プロタゴラス』、322c）敬意《アイドス》と正義《ディケ》の必要性を説く。これはいまや神々に頼れなくなった人間同士がかわした、文句のない「社会契約」である。というのもエウセビオスにも引用された概論『神々について』の序文によれば、「神についていうならば、私は神がいるとも、いないともいうことはできないし、また神々がどんな姿をしているかも分からない。たくさんの状況がそれを知ることを妨げている。知り得る情報は欠如しているうえに、人生は短いのだ」（断片集B4）。きわめて不可知論的ないいかただが、必ずしも無神論ではない。プロタゴラスは修辞学の大家で、『矛盾《アンティロジー》について』という論文を書いた。そのなかで彼は、あらゆるテーマには二つの対立する議論がありえる、すなわち対立し合う二つの主張はまだ翻すことが可能だが、そこから侮蔑的な意味での詭弁や、華やかだが空疎な弁論術が生まれる危険がある。プラトンやイソクラテスなどソフィストを軽蔑する人びとは、こうした傾向を論争派《メガラ》と呼ぶこととなる。

プロタゴラスと同じ年に生まれながら、百歳まで生きたといわれる彼より早くなくなったゴルギアスが抱いた関心も修辞学、とくに談話形式の修辞学であった。彼はアンティテーゼのような話法の人物と、韻律の働きにもとづいて見事に修辞学を展開した。(1)

（1）「彼の弁論は魔法や呪文のごとく聴衆の心を魅了する力をもっていたといわれているが、そのために彼は用語の選択、配列、対句法、頭韻法、脚韻法など表現の形式に人一倍腐心した」といわれる。巻末参考文献PG、三四二頁〔訳註〕。

『非存在』論においてパルメニデスの存在論を批判したプロタゴラスは、「存在」の真理は、その「存在」が本当にあるか否かはともかく、人間にとって解決不能の問題であり、したがってわれわれは可能な限り正しく表明され、支持された意見で満足すべきだという結論を下した。この相対的認識論は、当然意見の平等性と多数決に満足する民主主義的理想をうちたてた。しかしゴルギアスの政治思想の独創性は四世紀までほとんどなんの反響をよばず、ようやくペロポネソス戦争の嵐が吹き荒れるさなか、ギリシア統一の訴えのなかに宿った。アンティフォン（同名のアテネ人の雄弁家と区別するために「通称ソフィストの」といわれるが、それは間違いだろう）はさらにすすんで、つぎのように断言する。

自然の摂理によって、われわれはみな生まれたときからまったく同じ人間である。ギリシア人だ、外国人だといっても、誰一人はじめからそのように区別されていたわけではない。われわれはみんなな口や鼻から同じ空気を吸っているのだ（断片集、44a, B）。

これは人類愛を確認する初歩的な言葉だが、といってその愛を政治的に訴えるまでにはいたっていない。ヒッピアスは、原則として身につけるものすべてを自分でつくって、普遍的知識と実践能力をもっていると自負する。彼は自然と法との関係の問題を、相対主義的観点から問いかける。このテーマはプラトンの『ゴルギアス』の断片集のなかで再度とりあげられているが、アンティフォンにより書かれてわれわれに伝えられた論文『真理について[1]』の一節全体を占めている。

市民が権利を行使する国家においては、正義はその法に違背しないことからなりたっている。したがって人間は、証人によって法の力に屈することはあるとしても、この法を実践することによって最大の利益を得ることができる。しかしもし彼がただ一人で、しかも証人がいなければ、彼は自然の法にしたがうことになるだろう。なぜならば法律の条文は制度であるのにたいし、自然の法は必然だからである。国法の規定は人間相互の協約から生まれるが、自然からではない。協約を確定した人びとが気づかぬまにある者が法を犯したとすれば、その者は辱めと罰を逃れることができる。

（断片集A、1-2）

（1）アンティフォンの『真理について』は彼の政治論とならんでごくわずかのパピルスに書かれた断片しか遺されていない。彼は自然にたいする物質の優位性を信じ、物質の物理的限界を示すためにアトモスに対してリュトモス（律動）という言葉を用いた〔訳註〕。

テクストはさらにつづき、「誰かが気づくことがないからといって、自然の法を犯してはならない。……なぜならばこの場合侵害は世論に由来するのではなく、真理において生じるからだ」という。真理は約束事を求めなければならないから、完全に相対的であり、実際には多くの場合人間の意見にすぎない。認識もまた相対的だからだ。自然と法をめぐるこうした詭弁的議論は、成文法と非成文法（慣習法と自然法）を巡る、かつてソフォクレスが『アンティゴネ』（四四二年）で提示した議論とむすびつく。同時にそれは、アテネの経験主義の支持者とその反対者がおこしえた議論でもあり、さらに強者の法を適用することは合法的か否かという、実益と正義のあらたな議論を生み出す元となった。

相対的経験主義の一部は、ヘロドトスにおいても報告されているが、すでにこの世紀の半ば、ペルシア戦争によって世界への扉が開かれたときから歩み始めていた。「われわれがどうしてペルシア人になることができようか?」と、初めて異民族を目にしたとき、まず多くのギリシア人は自問したにちがいない。驚愕の感情が去ると、彼らは異民族の人びとにかんするたくさんの逸話を耳にしたであろう。ヘロドトスの話はもちろん、他の多くの逸話から彼らの優越感は強まると同時に、人間の違いが感じられるようになった。

3　四世紀後半における知的発展とソフィストにたいするアテネの反動

相対主義はかなり多くの開かれた精神がためらいがちに抱いたものや、ソフィストたちの思考がシステマティックにつなぎ合わせたものがあったが、それらは結果として多くの人びとの目に堕落と映るような風俗上の変化しかもたらすことができなかった。ソフィストたちの教えだけがその原因ではない。状況のいろいろな要因が作用しており、とくにペロポネソス戦争から生まれた危機のさいには、潜在的な傾向がそれらの要因を加速させた。トゥキュディデスによれば、四三〇年から四二八年にかけての恐るべき疫病は、アテネにおける知的変遷の転回点を示すとされる。

一般的にいって市内のこの疫病は、横行する道徳的退廃の根元となった。人びとは、以前だったら隠れてふけるようなことに、いとも簡単かつ大胆に走るようになった。突然の変転は目にあまるようになり、隆盛をきわめた人が急死し、昨日まで無一文だった男がその遺産を相続したりした。そううわけで人びとはてっとりばやい満足を望んだり、快楽に手を出すようになった。彼らからみれば、人格も財産もつかの間の泡なのだ。立派と思われる目的のためにあらかじめ骨を折ることなぞまっぴらごめん、そもそもそれが実現する前に、自分は死んでしまうかもしれないというではないか。直接的な楽しみや、いわれが何であれその楽しみに役立ちそうなものはすべて、美や有益にとってかわった。神々にたいする危懼《きく》であれ人間のつくった法であれ、なにも彼らをとどめることはない。人に敬虔と思われようと思われまいとかまいはしない。人間死ぬときはみな同じだと分かっているからだ（第二巻、第五三章、第一〜四節）。

テクストの最後の文言は意味深長である。国家の伝統的な価値の一つ、すなわち神々にたいする「敬虔さ《エウセベイア》」が捨てられているのだ。なぜなら神々はもはや人間とむすんだ無言の契約を守っていないからだ。彼らは人間を保護しないし、彼らの貨幣で貸した金を返さない。一方伝統的なギリシアの宗教すなわちポリスの宗教は、市民生活においてきわめて重要な役割を果たし、神との関係は一種の交換と考えていた。五世紀の平均的ギリシア人は、プラトンが『エウテュプロン』（14e）においてあたえたつぎの定義を認めていた。

敬虔さとは、人間が神との交換物件を精算する一種の商業技術かもしれない。

いささか素っ気ないこの観念こそは、四二九年のアテネ人が暗黙裏にそして経験的に宗教を見直し、また前ソクラテス派、ソクラテス派、あるいは彼らの影響を受けた人びとがそれを考え直そうとしていた事実に他ならない。この見直しの動きは、したたかな精神の持ち主によって増幅され、四一五年のヘルメス像破壊[1]やエレウシス秘儀パロディ化事件[2]となるにいたった。それは国民の宗教的表現を攻撃し、伝統的な宗教にもとづいた市民的道徳の屋台骨を浸食した。もし人びとが市民生活を支える柱を攻撃すれば（ソフィストたちはそういうことをすると少なくとも世間ではいわれていた）、伝統型の社会契約は破られ、すべてが瓦解してしまいかねなかった。

（1）シチリア遠征隊出発の直前、一晩でアテネのヘルメス像の顔が破壊される事件があった。犯人は見いだせなかったが、シチリア遠征を勧めたアルキビアデスに、不吉な予兆としてとなるように、彼の政敵が仕掛けた陰謀だと解されている〔訳註〕。

（2）古代ギリシア・ローマにおいては多くの宗教が、このような秘密の儀礼の執行を特徴としていた。その中で最も有名なものは、ギリシアのアッティカ地方の町エレウシスで行なわれていた秘儀で、地名にちなんで「エレウシス秘儀」とよばれている。秘儀の主神はデメテルとその娘ペルセフォネ（コレー）であった。四一五年、ペロポネソス戦争のさなか、ペリクレスの後見を受けたアルキビアデスは、秘儀祭司の役割を演じて、この秘儀をパロディ化して非難を浴びた〔訳註〕。

トゥキュディデスは四世紀におこった道徳的危機と価値観の転倒にかんして、もう一つの原因を挙げた。それが他ならぬ戦争、しかも都市間の戦争などよりむしろ、市内でのいざこざ、人びとの胸中で吹き荒れている混乱である。彼は書いている。

人びとはたくさんの不幸がポリスに襲いかかり、騒動を助長するのをみた。それらの不幸は状況のなかで作用する変化に応じて増えたり、減ったり、形を変えたりはするが、人間性がつねに同じ以上、つねに生まれつづけるかのように思われた。平和で繁栄しているとき、ポリスと個人は、必要な制限にあらがうことはないので、立派な精神をもつことができる。だが日常生活の安逸を断ち切るような戦争は、暴力的に支配力を発揮する。それはそうした状況のなかで多数派の情熱を支配する……。人びとは言葉の通常の意味さえ、行動に結びつけて変えてしまった。軽薄な大胆さが党派的には勇気ある解決とされたり、慎重な思慮は卑怯の裏返しとされたり、すべてにおける叡智は完全な無力と同一視される。性急な衝動が男らしさとみなされ、慎重論は逃げ口上とあつかわれる。……要するに悪を目指した競争で優勝することが賞賛に値し、思いも掛けない人物が出世する（第三巻、第八二章、二〜五、巻末参考文TR1、三二八〜三二九頁）。

きわめて明快な分析である。さらにわれわれは、いくつかの価値観の転倒が起こった責任はアテネの覇権主義にあると、付言することができるかもしれない（たとえば四一六年のメロス島事件。本書三九頁参照）。しかし思慮の浅いアテネ人はもっと単純な分析を好んだ。つまり政治、道徳、宗教の危機が生まれたとすれば、それはソフィストたちのせいだ。彼らは信仰も信念もない危険な輩で、虚無的な不可知論者で、ニヒリストで、「屁理屈の名人」で、金持ちの外国人つまり妬まれ者ではないか？　こうした考えから、貴族階級よりむしろ民衆の側から保守的反作用が生まれてくる。アリストファネスは平和のありがたさを称えながら（四二五年の『アカルナイの人びと』、ついで四二一年の『平和』、さらに四一一年の『女の平和』）、伝統的な価値観の旗手となり、とくに昔のアテネ人やギリシア人を異民族の脅威から救ったマラトンの戦士たちがもっていた「アレテー」（勇気と徳）、ホモノイア（一致）を称揚し、危険な革命分子と考えられる人びとを攻撃する。それらはクレオンのような覇権主義的デマゴーグ（『騎士』）や自称と他称のソフィストたちであり、その筆頭にソクラテスがおかれた（『雲』、四二三年）。

4　ソクラテス

プラトンの言葉を信じるならば、ソクラテスはソフィストたちにたいして、言葉は丁寧だが激しく対立した。おそらくそれは彼が多くの人びとの目には、アリストファネスが証言するようなソフィスト派で、市の伝統を見直す人物と映ったからであろう。そういうわけで彼は周知のように死刑の判決を受けた。寡頭派「三〇人政権」の介入（その指導者クリティアスはかつてソフィストの、そしておそらくはソクラテスの弟子であり、また実際にもソフィストとして自称していた）や、アイゴスポタモスイの敗北によって精神面と宗教面で傷つき、硬直化したアテネ民主政の生け贄となったのである。ソクラテスの人物像とその思想をそれらの複雑な様相において触れようとすれば、弟子のプラトンやクセノフォンをはじめディオゲネス・ラエルティオスなど後代のさまざまな作家が彼について伝えている以上膨大な紙数を必要とすることになり、到底それは不可能なことだ。われわれは若干の一般論を紹介するにとどめなければならない。

ソクラテスは四七〇年、彫刻家と産婆《マイア》の息子として生まれた。彼は父親の仕事の正確さから知的分析における緻密さを、母親の分娩法《マイエウティケ》からは精神を生みだす技術をうけついだ。ソクラテスは一切書き残さなかったが、なによりもまずソフィストや若い弟子たちとの対話を通して真理を求める哲学者であった。弟子のなかには激しい性分のアルキビアデスもいた。ソフィストと同様、ソクラテスは人間と道徳にしか興味をもたなかった。彼は道徳を方式にそって近づくべき合理的な科学とみなした。誰も悪くなろうと思って悪人になる者はいない。まちがって行動する者は無知な人間であり、教え導かなければならない。この教育こそ、マイエウティケであり、対話である。それは無数の質疑応答のくりかえしを経て対話者を事物の外見から本質へと導くように作用するが、そのためには、彼は自分を知ろうとしなければならない。対話の代償は、知への接近であり、その知は、穏やかで、勇敢で、まっすぐで、敬虔で、国法に忠実で不可避の死をまえにして平穏になることができる人間に幸福をもたらす。

　このような考えに、何の非があるだろうか？　ソクラテスは若者に疑いの精神をもつことをすすめて彼らを堕落させたとして、告発された。そうした精神は伝統的な思想にたいする冷淡で敬意を欠き、市の神々を認めないで、別の神々を導入しようとしたと解されたのである。そしてすべての原因は、彼が聞いていているという良心の声が実は「悪魔の声」だからだとされた。キケロの言葉にしたがってソクラテスは哲学を天上から地上へ降ろしたとしても、数多くの先駆者たちの物質主義や不可知主義の後にきたソクラテスは、根っからの精神主義者だった。

II　科学の進歩

哲学、文学、芸術の開花にみとれていると、五世紀に起こった緩慢だが確実な科学の進歩を忘れかねない。ここで扱うのは理論科学（数学と天文学）と実践科学である。

1　理論科学

五世紀に入りギリシアの科学研究は、宗教的偏見に満ちて純粋に実用的関心の埒外にあった古代から解放され、実験から抽象的普遍的法則を見いだそうとする哲学者の専門分野として生きつづけた。とくにピタゴラスの後を継いだピタゴラス派は、しばしば神秘的であたかも修道士のように暮らしつつ数学に打ち込んでいた。すでにみたように、彼らにとって宇宙の原理は数であり、その関心はまず算数にむけられた。といっても彼らは古来から知られていたコンパスと三角定規をつかって、算数の問題（たとえば比例の問題）を解いていたので、幾何学にたいする興味も生まれ、さらに「計りしれない数（無理数）」が、正方形と一辺と対角線の比から発見されるにいたった。この無理数の侵入には、エレア派のパラドックスが彼らの理論の一部の見直しを迫っているように思えるだけに、ピタゴラス派は頭を痛めた。しかし世紀の後半キオスのヒッポクラテス(1)が最初の『幾何原論』を刊行した。ユークリッドの著作より一世紀前の本格的な要諦である。他の哲学者やソフィストも幾何学に手を出し、たとえばデモクリトスはピラミッドや円錐形の体積を計算する方法を発見し、ヒッピアスは角の三分割の問題に取り組み、アンティフォンは円積法の問題を円内に正多角形を内接させ、辺を増加させることによって解こうとした。

（1）四七〇〜四一〇年頃。数学者（幾何学者）かつ天文学者。背理法は彼にさかのぼるといわれる。系統的に組織だてられた幾何学の教科書を最初に書いた人。現在は一部を除いて残ってはいない〔訳註〕。

これらの数学的な研究は、結果として音楽と音響学の分野に理論的技術的進歩をもたらした。ピタゴラスはみずからオクターヴ、五度、四度、全音を計測した。彼の承継者たちは、可動式の駒とカノンと呼ばれる目盛りの上にひかれた一本の弦をもつ器械をつかい、音程をさまざまに調整した。五世紀末、タレントゥムのアルキュタスは三度の関係（長調、短調、「半音」）をはじめて定義しようとしたらしい。最後に五世紀の建築家に触れておこう。彼らはとくに黄金分割あるいは黄金数（$1+\sqrt{5}/2=1.618$）をふくむ比の作用にもとづいて、調和のとれた設計、建設、立体感の創造につとめた（本書一二六〜一二九頁参照）。

天文学はアナクサゴラスによって若干の進歩を遂げた。彼は、太陽と星は白熱の石の塊で、エーテルの回転によって運ばれていて、月はただの石が太陽の光線を受けているだけ、虹も同様に水蒸気を通してきた星の輝きを反射しているのだと主張し、宇宙を俗界にひきおろした。アナクサゴラスは、アイゴスポタモイにおける隕石の落下を予言して、同時代人の賞賛を呼んだ。天文学の進歩による応用は、太陰暦の短い一年と太陽暦の長い一年との調和を定期的調整によりはかろうという、暦法の改革をもたらした。たとえばキオスのオイノピデスは四五六年のオリュンポスで採用されたシステムを提案し、メトンはアテネにたいし、一九年ごとに太陰暦の七か月をくわえる方式を採用するよう勧めた。これによって二種類の暦法が調和させることができるというのである。毎日の時間の計測には、デモクリトスが日時計の文字盤（あるいは指示針）を改善し、軸の影が投影される盤の表面を半円の凹面にしたといわれている。

2 医学

物理学と自然科学はどちらかといえば理論よりも実験を求めていたかもしれないが、それらは五世紀の科学研究にとっては、いささか貧弱な仲間であった。ただし生物学と解剖学は、直接人間にかかわるがゆえにめざましい進歩を遂げ、その結果医学に重要な進展をあたえた。ギリシア人は体を守るために、古くから神々（まずアポロン、ついで五世紀からはアスクレピオス〔アポロンの息子でともに医神である〕）や、アンフィアラオスのような癒やしの英雄、あるいは聖域に長年接してきた内科医や外科医らを頼りとしてきた。たとえばコリントスのアスクレピオス神域の六ないし五世紀の奉献物が示すように、こうした方法によって確かになにがしかの治癒の効能があったことはまちがいない。しかし五世紀の医学における貢献は、四二九年にアテネに導入されたようなアスクレピオス崇拝が拡大したことではない。五世紀はコスのヒッポクラテス（四六〇年頃～?）の世紀である。ヒッポクラテス医学つまり科学的医学が臨床的観察と厳密な方式を援用する医学の時代が始まった。科学的医学が聖域の神聖な医学や、とくに農村地方を背景として経験的医療（調合薬物治療）あるいは呪術的（男女の呪医）治療と肩を並べ始めた世紀のはじまりである。ヒッポクラテスとその弟子たちは、ギリシア世界を回りながら知識とノウハウを普及した。彼らは地域のデータを観察し（ヒッポクラテスが一時タソスに滞在して、疫病を研究したのはその一例である）、薬と節制を命じて治療し、弟子を養成し、再び浪々の生活へと発っていくのである。

ヒッポクラテスの概論『空気、水、場所について』は「医師は見知らぬ町に着いたとき、一般的な病気の概念はもとより地域の病気も無視してはならないし、病気の処置において慌ててはならない。また前任の医師が大事な方法を深く追求しなかったからといって、その過ちを論評してはならない」と詳述している。そういう場合彼は土地と住民をじっくり観察しなければならない。彼は本格的な診療所をつくり、「できるだけ高さのそろった椅子を配し、患者と医師が同じ高さになるようにしなければならない。また器具以外に青銅をつかってはならない。道具に青銅をつかうのは、場違いな贅沢と思われるからである。患者への治療には清潔な飲料水をあたえなければならない。洗浄につかう衣料品は清潔で柔らかくなければいけない。つまり眼には布を、傷口には海綿をつかわなければならない」（『医師について』、§二）。ルーヴル所蔵の赤像の香油入れはここにあるような調剤室の具体的な概観を示している。

ヒッポクラテス医術ばかりが厳格な医道に沿った進歩を遂げたわけではないことは、有名な『ヒッポクラテスの誓い』が示すとおりである。クニドス、クロトン、キュレネにはコスの診療に負けない診療所が存在した。『ヒッポクラテス集典(1)（ラテン語：Corpus Hippocraticum）』）の名において示されるテクストの総体は、ヒッポクラテス自身の書いたもののほか、弟子や、クニドス派の代表的人物のテクストもふくんでいる。

（1）三世紀ごろ編纂された、古代ギリシア語のイオニア方言で書かれた七〇余りの医学文書の集典である。編纂にいたるまでヒッポクラテスの没後一〇〇年以上経っており、どの文書も無記名であることから、ヒッポクラテス自身がどの程度の文書にかかわったかという問題には答えが出ていない〔訳註〕。

Ⅲ　文学

人間の思想をさまざまな表現形式（哲学、科学、文学）に分けるのは、概して不自然なことだが、とくに五世紀についてはこの傾向が明らかになってくる。というのも既述のように哲学者のなかには学者もおり、その多くは文学的才能をもっていたにちがいないからである。たとえばパルメニデスの詩の断片は、五世紀頃まで哲学的科学的思想の表現手段といえば、詩編でしかなかったことを思いさせることからも、このことは明らかである。ヒッポクラテスの概論（散文）もまた、まちがいなく文学的作品である。したがってわれわれが五世紀の文学の主要部門を概観する前に、若干の先行する部分を分離して論じたのは純然たる因習によるものである。主要部門のうち二つとは、演劇と歴史であり、作品は事実上新機軸で、作者は代表的作家である。ただ彼らの本質とはいわないまでもオリジナリティ、才能を示しそうな作品に広くアプローチするのに便利な文献は、紙数の関係で無視することとした。

1　叙情詩

哀歌長《エレゲイア》の叙情詩は、五世紀では叙事詩や教育的詩編と同様上演されなかった。ただしパルメニデスの哲学的詩編は例外だが、残念ながらわれわれにはその断片しか遺されていない。他方、貴族的な合唱形式の叙情詩（コーラル）は、すでに何世紀も前からアルクマン、ステシコロス、ケオスのシモニデスらによって世に知られ、五世紀前半にはケオスのバッキュリデス（五一〇年頃～?）とともに燦然と輝きつづけるが、パピルスに書かれたその作品は頌歌《オード》〔伴奏付きで歌われた叙情詩〕、アポロン賛歌、ディオニュソス賛歌などの断片しか遺されていない。とくにテーベのピンダロス（五一八～四三八年）の作品は、オリュンピア、デルフォイ、ネメア、コリントス地峡で行なわれた汎ギリシア競技大会の優勝者を称えた四つの『競技祝勝歌《エピニコス》』しか遺されていない。それまでにもピンダロスは神々を称えた歌やさまざまな類いの歌をつくったが、われわれにはもう伝わっていない。『競技祝勝歌』においてピンダロスは、出資者たち[1]のスポーツの偉業を、はりつめた、正確な、そしてしばしば難解だが強烈なイメージに富むスタイルで描くというよりは想起させた。彼はその偉業を彼らのポリスに関連した神話にむすびつけ、さらにその神話を万《よろず》のギリシアの神々にたいする畏敬の念をもって力強く発展させた。みずからの技量によって称えるべき人物の栄光に寄与できると信じ、また聴衆（というのも頌歌はいろいろなリズムで書かれ、楽器の伴奏とともに歌われる韻文だからだ）に伝統的な価値（敬虔さ、正義、勇気、友情、節度）にもとづいた道徳を伝えることに熱心なピンダロスではあったが、神の救いなくしては何もできない人間にたいしてあくまで幻想をもたなかった。そのことを彼は「ピュティア第九歌」の最後で歌っている。

われわれはどうなってしまったのか？　人間は影の見る夢。だが神々が光を彼にむけるとき、煌めく輝きが彼を包み、彼の存在はやわらぐ。

（1）たとえば『祝勝歌』第一番目「オリュンピア第一歌」は戦車のオーナーであるシラクサ王ヒエロンに捧げられている。称えられるのは選手でもなければ馬でもなく出資者たちである。巻末参考文献ＰＳ、四頁〔訳註〕。

2　演劇

五世紀の後半にはいってコーラルの叙情性は民衆的な叙情性に歩を譲り、さらにそこでは音楽が優勢になったと思われる。前二者は、忘却の波に沈んでいく。この世紀を支配する詩は、演劇的詩である。それはまず悲劇とサテュロス劇の世界に限られていたが、ついで喜劇にもひろがった。悲劇は本来アテネ的なものだが、五世紀になってこのペリクレスの都市に起こった精神的変化の犠牲となって悲劇は事実上ほろんでしまった。四世紀にも悲劇作家はいるにはいたが、われわれにはほとんど知られていないことから判断して、まず凡庸な作家だったことはまちがいない。三八六年以後、人びとがディオニュソス祭に古代悲劇を再度とりあげようと決めたのは、意味深いことではなかったろうか？

確かに演劇のジャンルは、当初からディオニュソス神とむすばれていた。ペリクレスの時代に入ってからは、演劇の上演はあらゆる市民に対して解放され、レナイア祭やとくにディオニュソス祭といったアテネ市の宗教的祭の本質的な部分をなすにいたった。上演はすなわちコンクールで、悲劇は三人、喜劇は五人の作家が競い、審判団が判定を下した。悲劇のコンクールでは、各競争者は、三つの悲劇と、合唱隊付きのサテュロス劇一点からなる四部劇を出品しなければならない。後者はサテュロスのような半獣神のいたずらで雰囲気を和らげるための作品である。悲劇は連続した三部劇をつくったり〔たとえばアイスキュロスの『オレステイア』〕、各自自主的なテーマをあつかうことができた。ディオニュソス祭で提供された芝居は、アクロポリスの麓にあるディオニュソス劇場で上演された。この施設は五世紀にはまだ簡素で、円形のオルケストラ(1)をはさんで木製の設備が配され、自然の傾斜には階段座席、楽屋やバックスクリーン用の舞台装置があった。どの芝居も複数の役者によって演じられる人物を登場させ〔アイスキュロスの時代には二人、ソフォクレスの時代からは三人〕、彼らは独白や、対話を行なう。コロスは一五名の合唱隊員《コレウテス》からなり、隊長のまわりに集まって歌ったり詩編を唱えて筋立てを解説した。役者の表情はマスクにかくれているが、それは声によって台詞の価値を高めるためであった。

（1）「人びとが踊る（オルトケマイ）場という意味でのオルケストラ〔舞踏場〕という名称ができた。この集団がコロス〔舞唱団〕の起源である」とされる。巻末参考文献AE、一六頁〔訳註〕。

A　悲劇

最も初期の悲劇は六世紀後半にさかのぼる。五三五年から三五四年にかけて〔ディオニュソス祭で〕優勝したイカリアのテスピス[1]、ネメア付近で生まれたフリオンテのプタティナスなどからはじまるが、残念ながら彼らは名前しかわれわれに伝わっていない。若干情報らしいものがある最初の作家は、プリュニコスと呼ばれた。彼は五〇〇年に最初の優勝者となり、四九三年に、まだ戦火のくすぶる現実から着想された『ミレトスの占領』〔ペルシア軍は、四九四年、ラデ島沖の海戦で勝利を収め、ミレトスを占領した〕を上演したため、観衆はいっせいに泣きだしたといわれる。同じく彼の『フェニキアの女たち』(四七六年)はサラミスにおけるペルシア軍の敗北を思い起こさせた。しかしわれわれが本格的近づける最初の悲劇作家は、彼より約一〇歳年下のアテネ人、アイスキュロスである。

(1) 五三四年にアテナイのディオニューソス祭で行なわれた悲劇の競技会では、テスピスが優勝し、記録として最初に名前を残した〔訳註〕。

現在タイトルが知られている悲劇は数十編あるが、五世紀に書かれ、演じられた悲劇が数百編にのぼることは確かである。こんにちわれわれに伝わっているのはわずか三二編にすぎない。そのうちアイスキュロスは七編(伝承によれば彼の作品は七〇〜九〇編)、ソフォクレスは七編(彼の作品は一二三編とされている)、エウリピデス一八編(古代人は彼の作品九二編を知っていた)である。合唱隊の役割は、時代を追うにつれて小さくなっていった。アイスキュロスにおいて宗教色が強かった着想は、エウリピデスになってより人間的になり、状況の悲劇性は高まる。人物は相変わらず伝説から借用した人びと(ヘラクレスのような半神、プロメテウスのような巨人、とくにアルゴス、トロイ、テーベ、ときとしてアテネの作品群にでる英雄たち)であるが、物語はとくにアイスキュロスとソフォクレスの場合、意外性をほとんど遺していない。

芝居の関心はむしろ道徳とか形而上学的面にある。人間とその限界、過ち（とくに傲慢《ヒュブリス》）、権利、国家に対する義務、運命を前にした人間の責任、世界の秩序に対する問いかけ、神、正義等の問題である。人物の対話を通じてさまざまな見解が表明される。エウリピデスにかんしていえば、レトリックは議論を豊かにし、悲劇的な事件、どんでん返し、ときにはすでにロマンチシズムの芝居を思わせるような演劇上のレアリスムのなかで本格的なプロットが組み立てられていく！　だがこうした初期演劇の中心的テーマからの乖離は、古典悲劇の最後に呼応していた。

アイスキュロス（五二五〜四五六年）の遺された七編の主たる劇的モチーフは、人物とそれにつづく観衆の苦悩である。『ペルシア人』では、テーマが最近の歴史的事件（四八〇年のサラミスの海戦におけるペルシア軍の敗退）にもとづいていて、これは例外的なケースである。この芝居にあるのは、王宮の高官たちの不安に満ちた期待、ついで敗北を知ったとたんの服喪と悲嘆だけである。『テーベ攻めの七将』（四六七年）は、テーマを伝説的物語から借用しており、他の芝居すなわち『救いを求める女たち』（四六三年?）、『オレステイア』三部劇（四五八年）の『アガメムノーン』、『供養する女たち』、『慈しみの女神たち』、さらに『鎖につながれたプロメテウス』（信憑性について議論あり）[1]も同様である。動きは直線的で簡単である。合唱隊はそれを並外れた広がりをもつ歌で解説する。他方対話は限られた範囲しかカヴァーしない。各ドラマはその荘重な偉大さによって観衆を魅了するのである。

（1）制作年代にかんしての議論があった。かつて『七将』以前の作とされていた、現在では『七将』以後『オレステイア』前とする説が普通。巻末参考文献AST、三八六頁〔訳註〕。

ソフォクレス（～四九五年‐四〇五年）[1]とともに悲劇はいっそう個人に密着するようになる。個人は、自身の個性がはっきり表われるような選択の前に立たされる。悲劇は行動において人間の偉大さと限界を浮かび上がらせる。人物同士の対話は発展し、豊かになっていく。ソフォクレスの作品で最も古い芝居は『アイアヌス』、ついで『アンティゴネ』（四四二年）、『トラキアの女たち』、『オイディプス王』、『エレクトラ』、『フィロクテテス』、『コロノスのオイディプス』であり、最後の作品は四〇一年、詩人の死後上演された。ソフォクレスにはサテュロス劇『犬たち』という作品のかなりたくさんの断片が遺されている。神々の望みがよく理解できない人間の弱さに敏感なソフォクレスは、遠慮なく英雄的理想を提示する。その理想の頂点は、『私は憎悪ではなく愛を共有するために生まれてきました』というアンティゴネの崇高な台詞によって達成されるのだろう。

（1）生年について～の記号がついているのは、ソフォクレスより三〇歳年上とされるアイスキュロスの生年が、五二四年ないし五年と曖昧だからだろう。巻末参考文献AST、三八一頁〔訳註〕。

通常アイスキュロスとソフォクレスの対極におかれるのはエウリピデスである。ソフォクレスとはほとんど同時代人でありながら、エウリピデスは精神と形式の点で彼と異なる。しばしばいわれるように（やや大げさかもしれない）、エウリピデスは弱くて凡庸な人間の悲哀に満ちた現実的な側面を描きつつ、悲劇を天上から地上へとひきずりおろした。たとえ王公と思われる人びとでも、多くの場合不合理なこの世界ではむなしく首尾一貫しない努力のなかで疲れ果てていくのだ。ソフィスト派の薫陶をうけた彼は、思想に残される余地がないほど演劇がもりあがったときでさえ、先輩たち以上に同時代の事件や自分がもちこんだ思想の議論に関心を抱いた。なぜならば彼の場合筋の展開は、どんでん返しではもはや解決できないほどに激しかった。無傷で遺っている悲劇のうち、古い作品では伝統的なもの、すなわち『アルケスティス』(四三八年)、『メディア』(四三一年)、『ヘラクレスの子供たち』(四三〇年?)、『ヒッポリュトス』(四二八年)、『ヘカベ』、『アンドロマケ』、『救いを求める女たち』、『ヘラクレス』、そして『トロイの女たち』(四一五年)などがある。四一五年以後の作品は、この詩人が革新と変化をいかに願っていたかをよりいっそうよく証明している。それらは『エレクトラ』、『ヘレネ』(四一二年)、『フェニキアの女たち』(四一〇年)、『タウリケのイフィゲニア』、『イオン』、『オレステス』(四〇八年)、『アウリスのイフィゲニア』、『バッコスの信女』で、いずれも詩人の死後すなわち四〇六年以降に上演された。作品『レソス』の真贋については疑義があり、また『キュクロプス』と題する唯一のサテュロス劇の遺作も正確な年代が特定されていない。

エウリピデスにもたらされた新機軸がアテネの伝統と抵触したことは、喜劇作家アリストファネスが『蛙』が証明したとおりである。(1) だがその傾向はのちに紀元後の十七世紀の古典悲劇にも通じるであろう。いずれにせよギリシア本国ではエウリピデスにほとんど秀れた後継者がなく、それがかえって死後何世紀にもわたって作品の人気に貢献したといえるかも知れない。

(1) アリストファネスの『蛙』では、ディオニュソスは地獄に行き、アイスキュロスとエウリピデスの二人に互いの作品を批判させあい、勝利を収めたアイスキュロスをつれかえることになる〔訳註〕。

アイスキュロス（ナポリ博物館）

ソフォクレス（ルーヴル美術館）

エウリピデス（カピトール博物館）

アリストファネス（?）（ルーヴル美術館）

図４　五世紀の四大劇作家の肖像

アイスキュロス，ソフォクレス，エウリピデス，アリストファネス

B　喜劇

五世紀末から支配的になっていく演劇にジャンルは喜劇である。喜劇は、ディオニュソスを称えて行なわれる一種のカーニヴァル的な行列《コモス》から生まれた。本格的なコメディは六世紀末、シチリアのエピカルモスとともに出現し、ついで五世紀、ギリシア本土のとくにアッティカ地方に広がった。これに手を染めた詩人たちは名前しか知られていないが、ただアリストファネスの作品は遺されている。それらは『アカルナイの人びと』(四二五年)、『騎士たち』(四二四年)、『雲』(四二三年)、『スズメバチ』(四二二年)、『平和』(四二一年)、『鳥』(四一四年)、『リュシストラテ』と『テスモフォリアの女たち』(四一一年)、『蛙』(四〇五年)、『女の議会』(三九二年)、『福の神《プルートス》』(三八八年)である。アリストファネスは活力と言葉遊び(なかにはかなり際どいものもある)、率直で荒削りな皮肉、諷刺、幻想、道徳や哲学や政治にかんする省察等々に満ちあふれた古代喜劇を、つねに現実と密着しながら具現した。とはいえ彼の最後の二作は、四世紀の南イタリアのアンティファネス、トゥリオイのアレクシスらを主たる作家とする平均的コメディにむすばれていった。

3　歴史

ギリシアの劇作はすべて韻文で書かれており、六世紀末までギリシア文学は詩文と混同されていた。散文が貴族の文学を席巻するのは、ようやく五世紀になってからのことで、最初は二人の偉大な作家へロドトスとトゥキュディデスを通した歴史の分野においてそれは現われた。すでにわれわれが何度も引用しているトゥキュディデスの分析は実に見事であり、まちがいなくギリシア最大の歴史家であると同時に、屈指のギリシア語作家である。

六世紀に入ってミレトスのヘカタイオスは情報への関心と合理的な批判力を発揮して、真の歴史家と単純な年代記作家のちがいをしめしてみせた。だが彼の作品はことごとく失われてしまった。結局われわれが「歴史の父」(この呼び方はキケロにさかのぼる)と呼べるのは、ハリカルナッソスのヘロドトス(四八五年頃〜四二五年)だ。彼の『歴史』は、ペルシア戦争時代のギリシアと異民族の世界にかんする探求であり、事件や戦闘を叙述するだけではあきたらず、ときには幼稚ながら尽きざる好奇心をもって、二つの交戦国(一方は無数の属国からなるペルシア帝国と他方はその国をまったく知らないギリシア)が拮抗する世界を歴史的、地理的、あるいは民俗学的、民族誌学的に研究してみせた。さらに同時代人のソフォクレスにとって「歴史は人間的同情に色を添える」(ジャクリーヌ・ド・ロミリ)ものであった。

この世紀の末、トゥキュディデス(四六〇年頃〜四〇〇年)とともに、事件の原因を問う真の歴史が誕生した。複雑な直接的原因からさまざまな遠因にさかのぼり、著者の言葉を借りるならば「不滅の既得財産」(1)をつくりだす歴史である。八巻の書物は四一一年までの『ペロポネソス戦史』をあつかっているが、この企ての完成をおそらくは死が妨げたにちがいない。華麗にして極度に濃密な文体で書かれ、戦争というこの集団的ドラマの主役たちにあたえられた物語、内省的分析、言述をあの手この手で巧みに混ぜ合わせることによって躍動感がこめられた頁の大部分は、非宗教的で合理的な哲学に裏打ちされた、比類ない自制心を示している。ギリシア文学は、のこされた作品が大なり小なり寸断されているとはいえ、のちに四世紀のクセノフォン、一世紀のシチリアのディオドロスなどいろいろな歴史家を輩出させる。彼らを過小評価することは過ちであろう。しかしその誰一人として、そのスケールにおいて、そしてパラドクシカルなことだがその現代性において、トゥキュディデスに匹敵する者はいない。

（1）著者の仏語は **un capital acquis pour toujours.** なお邦訳では「……永遠の財産として書きまとめられたもの」というのが分かりすい。巻末参考文献TR1、二四頁〔訳註〕。

4　雄弁

歴史学とちがって、雄弁は五世紀に文学として生まれながら、ただちに大家を生むことはなかった。五世紀の第二・四半世紀、二人のシチリア人コラクスとティシアス（という名前だけしか知られていない）が演説術に興味をもち、ついですでに言及した才能豊かな理論家たちであるソフィストたちが、世紀半ばから雄弁術の規則の総体を編み出し、それをアンティフォンやアンドキデスが素早く実用化した。前者はおそらくソフィストのアンティフォンと同一人物であろう（本書九五頁参照）が彼については三つの裁判上の演説（『義母毒殺にたいする告発』、『ヘロデ殺しにかんして』『合唱隊員にかんして』）と告発と弁論にたいする観点を、詳論から一般論にうつる手法で提示した三点の論文シリーズなどが遺されている。後者のアンドキデスは四一五年ヘルメス像破壊事件の嫌疑をうけ、いったんは亡命せざるを得なくなったが、『帰国論』という演説を行ない（四一〇年頃）、やや生硬で純然たる素人的要素から着想された議論で潔白を主張した。[1] 四世紀の彼の演説は他に二点ほどあり、またアッティカ最大の雄弁家リュシアスの弁論の大半も同時期のものだが、ただ『エラトステネスにたいする反論』だけは五世紀にさかのぼる。彼はその弁論において、兄の死と四〇四年の民主政の転覆に責任がある三〇人政権のメンバー、エラトステネスを、個人的立場からわかりやすく激しく攻撃した。[2] それ以外で遺されている三〇点の弁論は四世紀の前半につくられた。文学としての雄弁術は、「ペリクレスの世紀」にはまだ裁判書とならんで端緒についたばかりであった。

（1）アンドキデスは、裁判上の無罪を得たものの、市民権を奪われ、キプロスに逐われた。三〇人政権が失墜して帰国を認められたが〔四〇三年〕、コリントスとの交渉に失敗して再びアテネを逐われ、戻ることはなかった〔訳註〕。

（2）エラトステネスが直接手を下した殺害ではないので、殺人事件裁判の法廷ではなく、「三〇人政権」の暴政を糾弾することを主たる目的とした「執務審査」とされる。巻末参考文献RB、一四二頁〔訳註〕。

第四章　芸術的創造

　ギリシア芸術の歴史のみならず西欧全体の芸術史において、ペリクレスの世紀は飛び抜けて重要な位置を占めている。もちろんそれは誰もが知っているように、この時代が生んだ高度の傑作のゆえである。だが同時に五世紀全体を検討するとき、最初の三分の一世紀すなわちペリクレスが生きた時代以上に決定的な時期に、ギリシア芸術がアルカイックから古典へとうつる変化がほとんどペルシア戦争と時期を同じくして完成していき、しかもその変化は徐々にしかし不可逆的にはぐくまれていったという意味で重要なのである。

　アルカイック時代は多くの領域でギリシア芸術を完成への扉に導いた。豊かな多様性のなかでそれは天才的芸術家たちのために道を準備し、そのため彼らは五三〇年から四九〇年にかけてすでに確立されていた傾向を半世紀間で一気に完成させた。それは絵画と彫刻における形象芸術の完成であり、節度と調和への配慮によって裏打ちされた石造建築の完成であり、そのようなものとして古典芸術は五世紀に花ひらいた。ペルシア戦争期に頂点に達した国際的緊張の時代において、ギリシア芸術は一段と重厚になり、厳格になり、東洋の影響から決定的に解放された。こうした新しい雰囲気はとくに絵画と彫刻のなかにあらわれたが、建築にもそれは感じられる。たとえばイオニア式オーダーは五世紀前半で衰えをみせたのにたいし、より地味なドーリス式が頂点に達した。それがいわゆる厳格古典主義とか前期古典主義、あるいは彫刻でいえば厳しいスタイルである。

世紀半ばに入ると、異民族にたいする勝利において決定的な役割を果たしたアテネは、政治的経済的に強国の時代に入り、あらゆる領域で才能豊かな人物をあつめるようになった。芸術におけるアテネの優位性はいわれるほど完璧ではないこともあったろうが、四五〇年から四二〇年までその優位性は何人も否定できない。出身を問わず偉大な芸術家たちは、ますますギリシア世界を巡り歩き、とくに彫刻においてはあらゆる工房を指導してまわった。確かにアルカイック時代においても、若干の支配的流派はあった。だがいまや流派の限界をこえて輝く大家がいる。ミュロン〔五世紀前半、彫刻家。作品『円盤を投げる人』〕、ポリュクレイトス〔五世紀、人体の均整美を追究し、理論書『カノン』を著す〕、フィディアス〔五世紀、彫刻家、パルテノン神殿の制作監督。同神殿の黄金象牙像『アテナ・パルテノス』を制作（四三八年）〕らは古典彫刻の道を照らす「先達」である。絵画ではタソスのポリュグノトス〔五〇〇年頃～四四〇年頃。現存はしないが作品『トロイの落城』は有名である〕によって新境地がひらかれた。

残念ながらこれらの芸術家の最重要作品さえ、文学作品やずっと後の複製によってしか知られていない場合が多すぎる。絵画の場合、これは毛頭不思議なことではなく、より古い時代のギリシア絵画全体についていえることである。というのも支持体（木、布、漆喰）が脆弱だからだが、いまや彫刻も同じ状態におかれる。古典主義時代の彫像で遺っているオリジナルは、アルカイック時代のそれよりずっと少ない。現存する五世紀の作品の大半は建築彫刻、浮き彫り、小彫塑に属する。大部分の傑作が、なぜ姿を消してしまったのだろうか？　根本的にはそれらはもてはやされて、ローマ時代までつづいた人気の犠牲となったのである。つまりその頃から多くの古典主義的彫刻がまずローマに、ついでシッラやキケロの時代になるやいなや中央イタリアへナチ時代のユダヤ人のように「移送」された（キケロがシチリアのギリシア都市で略奪を行なったウェッレス[1]をいかに酷評したかを考えてもらいたい）。さらに移送は後期ローマ帝国時代のコンスタンティノープルにもおよび、キリスト教徒の聖像破壊運動が勝利したときや、ゲルマン大移動のさいにそれらの破壊が行なわれた。アルカイック時代の作品のほうは、幸運にも忘れられていたがゆえに破壊的略奪の手を免れることができた。地方に遺されている神殿や世俗建築物をかざる初期の芸術品は、まさしくペリクレス時代にさかのぼるものである。

（1）シチリア総督ウェレッスは、三年間の任期中（通常は一年）不当な課税をしたり、芸術品を私物化して島の都市に打撃を与えた。当時財務官だったキケロは、島民からの訴えを受け、有名な『ウェッレス弾劾演説』を行ない、これがきっかけで政治家としてのデビューをはたした。「裁判官に提出された証言や証拠資料はウェレッスの罪状をあまりにも明確に証言するものであったために、ウェッレスは」財産を失い、亡命し、最後は殺された。巻末参考文献JS、七五頁参照〔訳註〕。

宗教建築は明らかに一般建築よりていねいにつくられているが、この分野では五世紀前半に、純粋なドーリス式が最高度に発展した。おそらく六世紀末頃からあらわれた巨大化や各種オーダーの混在の企てにたいする反作用から、ギリシアと大ギリシアの数名の建築家は、平均的規模の石造列柱廊《ペリステイル》に厳しいドーリス様式が支配的な建築物や、調和のとれたプロポーションに戻っていった。イオニア式の影響が感じられるのは、せいぜい柱の緩やかな伸張や、その基礎部分の直径と高さの比がたえず増加しつづけたことぐらいである。三等分割の平面が幅をきかし、神室《ケツラ》は二列のドーリス式列柱で三つの身廊に分けられ、その上階はこれもドーリス式の列柱がつらなる。視覚補正がとくにはっきりしているのはパルテノンで、補正は建物の垂直と水平の両方の線にたいしてなされている。長い水平線はすこし離れた観察者の目には真ん中で撓んだようにみえるので、神殿の基壇最上部《ステュロバテス》（土台の上で床面と接する部分）をやや膨らませる。このわずかな湾曲がエンタブレチュアにまで反映するのである。四方の列柱の柱は、中央であたえる細い印象を補うように柱身にやや膨らみをあたえられ、同時に建物の中心と列柱廊の中心に向かって傾けられる。そのため神殿はピラミッドが聳えるような動感につつまれ、それによって構成材の垂直性がつらぬかれ、各先端がひらかれていると思わせる錯覚を修正しているのである。角の柱がややずんぐりしているのは、そこにあたる強い光線によって細くみえる効果を抑えるためである。

ドーリス式オーダーの珠玉の傑作は数多くあり、そのうちのいくつかは保存もかなり良好である。

・アイギナ島のアファイア神殿（〜四九〇年、六×一二本・一三、七七×二八、八一メートル）
・セリヌンテの神殿AとE（四九〇‐四八〇年頃と四七〇‐四六〇年頃、それぞれ順に六×一四本・一六、一三

×四〇、三〇メートルと六×一五本・二五、三二×六七、七三メートル）

・ヒメラのいわゆるヴィクトワール神殿（～四七〇-四六〇年、六×一四本・二二、九〇×五五、八〇メートル）

・シラクーサのアテナ神殿（～四八〇年、六×一四本・二二×五五、〇二メートル）

・アグリジェントのヘラ・ラチニアの神殿（～四七〇年、六×一三本・一六、九一×三八、一〇メートル）

・オリュンピアのゼウス神殿（四六〇年頃エレアの建築家リボンによって創建された、六×一三本・二七、六八×六四、一二メートル）

・キレネのゼウス神殿（～四六〇-四四〇年、八×一七本・三二、八〇×六九、六五メートル）

・パエストゥムのヘラII神殿（～四五〇年、六×一四本・二四、二六×五九、九七メートル）

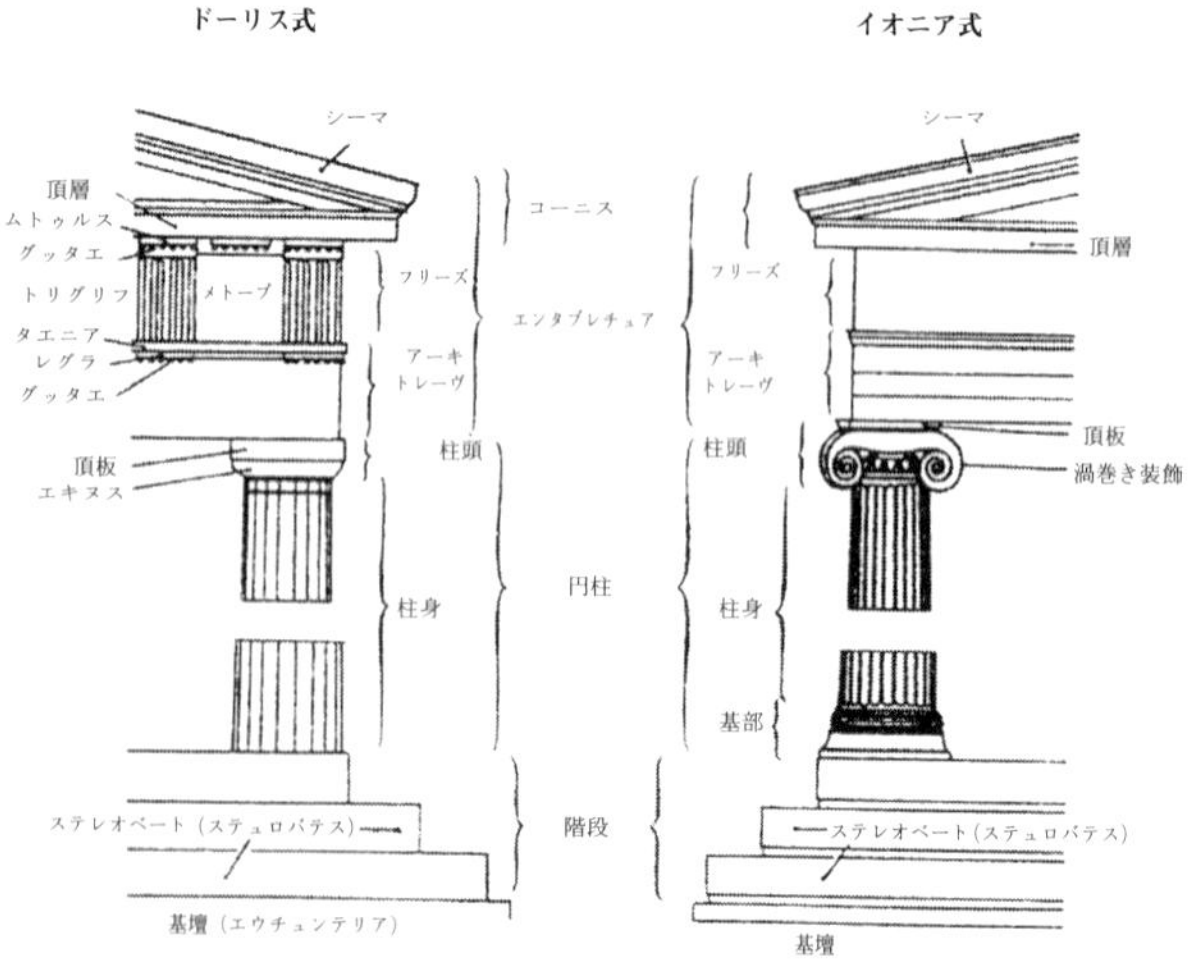

図5　ギリシア建築のオーダー

・アグリジェントの通称コンコルディア神殿（～四四〇年、六×一三本・一六、九二×三九、四二メートル）

最後の二神殿はほとんど無傷である。

数字は雄弁である。上にあげたほとんどすべての神殿は前面六柱《ヘクサステイル》で、長辺には一二ないし一五本の円柱がある。短辺にたいする長辺の比は一対二である。この比はしばしば簡単な分数で表わされる。アグリジェントのヘラ・神殿は4／9、同じく通称コンコルディアは3／7、パエストゥムの神殿は2／5である。建物のさまざまな部分間の関係は、このように一般に単純で特殊な単位にもとづいたモジュールすなわち比率で表わされ、この比はしかじかの具体的な要素において具体化される（たとえば円柱下部の半径とか列柱の柱の軸間距離《アントラクス》など）。こうした関係は算数や幾何の特徴をもつモジュール基準尺度から生まれるが、この場合基準尺度とはあらゆる先験的な計測学的考察から独立し、シュンメトリア（「通約」という言葉で訳される）にのみもとづいて、あるいはレオナルド・ダ・ヴィンチが「黄金比」と呼んだ比にもとづいて（必ずしもこの比でなければいけないというわけではないが）建築家が確定した尺度である（本書一〇四頁参照）。このようにして各建築にふさわしい繊細なリズムが、純粋な形の完璧な調和という共通項によってつくられていったのである。

神殿ほど派手ではないが、同じような配慮をもって建てられたものに、新しい宝物庫がある。これらの建築は五世紀の最初の半世紀に、オリュンポスではシキュオーン、シラクーサ、ビザンツの宝物庫、デルフォイではアテネ人の宝物庫（～四九〇‐四八五年・六、六二×九、六九メートル）である。これらはいずれも正面のイン・アンテス(1)の二本の柱で自足している。

（1）ギリシア神殿の最古の形式。神室「ケッラ」の壁端柱の間に通例二本の円柱が立てられる。これをイン・アンティスという。「自足している」というのは後方にも二本の柱がある二重イン・アンテスの場合があるからである。次頁図6参照〔訳註〕。

第二半世紀は、アテネのアクロポリスの神殿建設によって不朽の時代となった（図8）。パルテノン神殿（四四七‐四三二年）は建築家イクティノスとカリクラテスの二人の監督下で建設された。二人は工事がはじまったばかりのある神殿の建設案（通常プレ・パンテオンと呼ばれている）を練り直して、拡大した。それが四九〇年から四八〇年にかけてのことか、あるいはそれよりも下ってキモン〔五一〇～四四九年頃。アテネの将軍〕の全盛の時代だったかは問うまい（この年代については意見が分かれる）。ムネシクレスのプロピュライアの門は四三八年から四三二年にかけて、アテナ・ニケ神殿は四二七年頃から四二四年にかけて、エレクテイオンは四二一年から四〇六年にかけてそれぞれつくられた。これらの建物は大理石というきわめて高貴な石材をつかって建てられている。この石はペンテリコンの山から豊富に産出されるが、驚くべきことに以上四つの遺跡のどれ一つとしてドーリス式ではない。

ドーリス式のプロピュレイア（一八、一二×二五、〇四メートル）には前面六柱の正面が二つあり、まんなかの通路両側には三本のイオニア式円柱がならんでいる。北棟の大広間は絵画陳列館としてつかわれていた。パルテノンは神殿であると同時に宝物庫であり、他に類例のない構造でつくられている（八×一七本・三〇、八七×六九、五一メートル、すなわち一〇〇×二二五アッティカ・フィート）。神室《ナオス》とのあいだは「処女たちの家《オイコス・トン・パルテノン》」があり、そこにはアテナに捧げる娘たちが集められ（もちろんそれが神殿の名の由来である）、最後にアテナが神殿全体を命名する。この広間の天井は四本のイオニア式の柱で支えられているが、

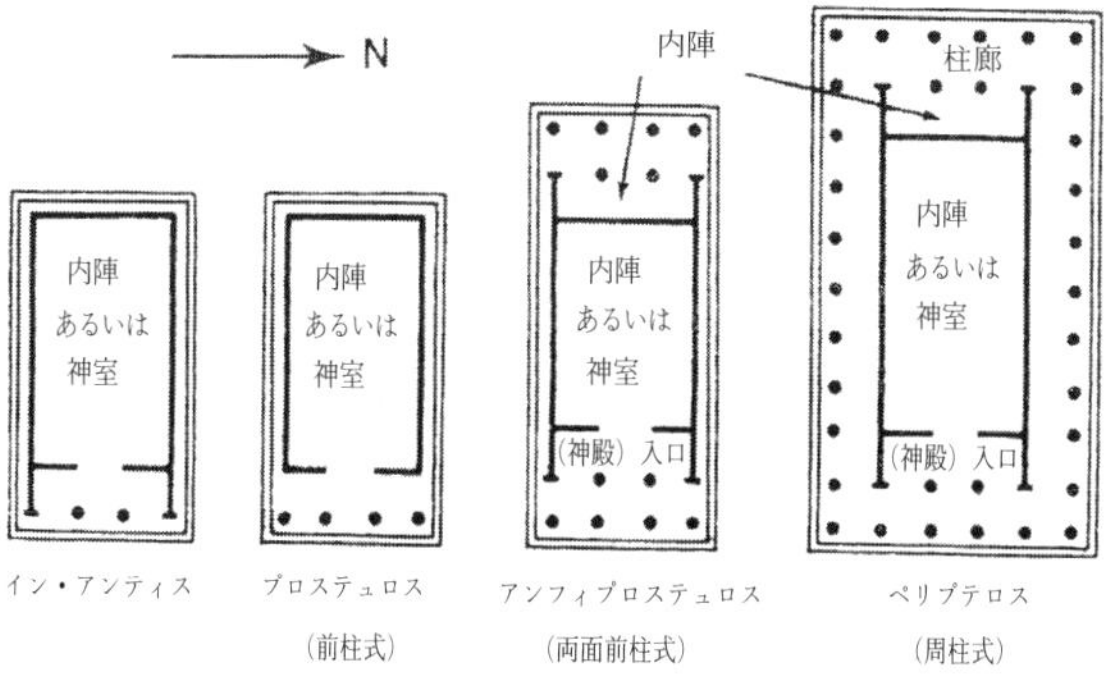

図６　ギリシア神殿平面図一覧

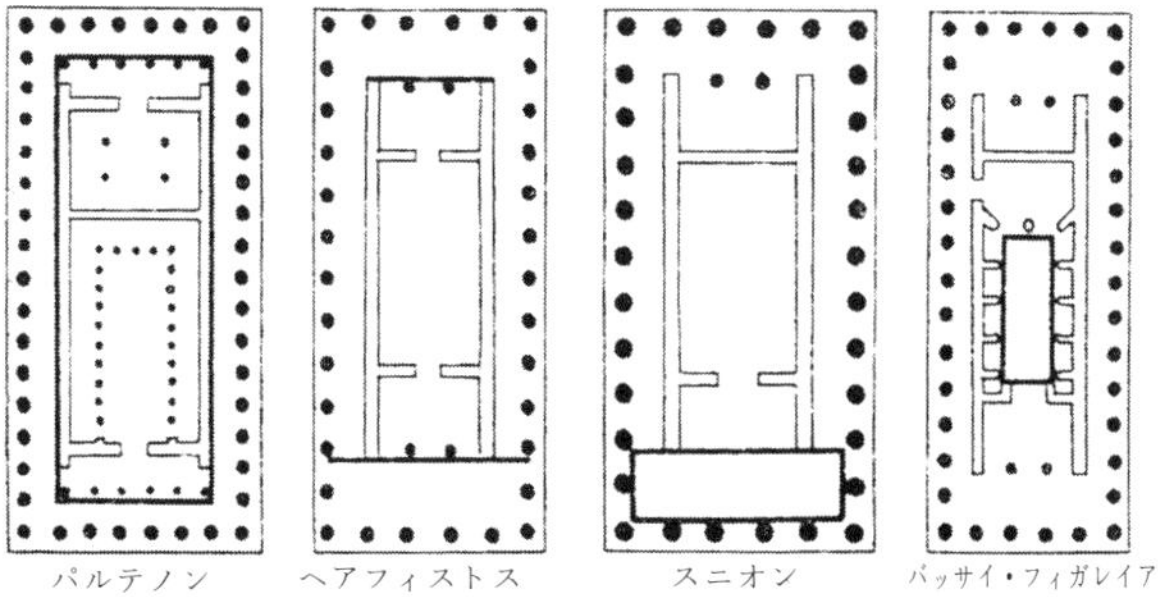

図７　五世紀ドーリス式神殿、内側フリーズつき
パルテノン、ヘアフィストス、スニオン、バッサイ・フィガレイア

各面の円柱は計四六本、前室と後室とで一二（六プラス六）本、内陣内側四六本（一階二三本、上階二三本）はいずれもドーリス式だが、だからといって有名なフリーズ（本書一三八頁参照）の存在を妨げているわけではない。このフリーズは前室ならびに後房柱廊のドーリス式円柱上部と、内陣《セコス》に平行した外壁の上で帯状に彫られた一連の彫刻部分である。建築家たちは、おそらく巨大な神像を引き立たせようというフィディアスの強い要請で、中央身廊を幅一一メートルまで広げることによって神室の空間を調整しようと努め、はじめて列柱を像の後ろを回り込ませ、バックスクリーンのようにすることを提案した。この量に対する感受性は神殿との比例関係においてみいだされるが、その比はごく簡単で二対三、それらの二乗、さらに二乗の二乗の各比である。神殿の横と縦の比は４／９とすれば、正面の高さ（雨覆いまで）と幅の比も４／９で、以下つぎのような比がつづく。

いま縦（側面の長さ）、横（間口の長さ）、高さ（柱の長さ）をそれぞれL、l、hとすると、パルテノン神殿には、$\frac{l}{L}=\frac{2^2}{3^2}$、$\frac{h}{l}=\frac{2^2}{3^2}$という関係がある。つまり縦対横の比と横対高さの比は同じである。したがって、$\frac{l}{L}=\frac{h}{l}\rightarrow l^2=Lh\rightarrow l=\sqrt{Lh}$ つまり横の長さは縦と高さの幾何平均に等しい。神殿を直方体とすれば、その体積Vは$V=l\times L\times h$だから$V=l^3$、つまり体積は間口の長さを一辺とする立方体の体積に等しい。また縦に対する高さの比は、$\frac{h}{L}$。しかるに$l^2=Lh$だから$h=\frac{l^2}{L}$、ゆえに$\frac{h}{L}=\frac{1}{L}\times\frac{l^2}{L}=\frac{l^2}{L^2}$。一方、$\frac{l}{L}=\frac{2^2}{3^2}$ だから、$\frac{h}{L}=\frac{(2^2)^2}{(3^2)^2}=\frac{2^4}{3^4}$ となる。

他方このモジュール計算は、神室の幅の一〇〇分の一（すなわち一〇アッティカ・ダクテュロス＝〇、一九二メートル）でも結果的に同じである。そこでステュロバテスではたとえば一六〇×三六〇という尺度が生まれる。内陣の縦と横の比も一六〇／一〇〇で、これは黄金比（一、六一八）に近い。これにもし視覚補正を加えるならば、パルテノンがいかに洗練された技術をもって建てられたかが分かる。

イオニア式オーダーは五〇〇年から四五〇年のあいだに消えしまったわけではない。そのことはたとえばメタポンテのD神殿（四七〇年頃）が示すとおりである。南イタリアのこのあたりではドーリス式が多いが、五世紀後半のアテネでのドーリス式は、返り咲きである。その意味でアテナ・ニケ小神殿（五、四四×八、二七メートル）は前面四柱前後列柱式でカリクラテスの作だが、われわれにとっては「イオニア式の」宝石である。カリクラテスが建てた神殿には、同じ設計（小前室、ほとんど正方形の神室、後房柱廊なし）で別にイリソス川沿いアグライ通りのものがあった（五、八五×一二、六八メートル）。もちろんアクロポリスのエレクテイオンとわれわれが呼ぶ複雑なモニュメント（一一、三〇×二二、七六メートル）がもつ独特の特徴は、北側にある六本のイオニア式円柱のポーチと、南側の有名な六本の女像柱があるポーチの結合に由来している。この神殿は、ギリシア建築における一つの転換点を示している。

ここでは装飾が勝利し、それが建築技術上の形式や構造からはなれ、それらとは無関係なままいたるところにひろがっている。それは、技法上の形態に装飾を結びつける伝統の基本規則とは、用心深く絶縁しているのである（R・マルタン）。

東正面は六本のイオニア式柱を数えるが、西は長さ半分の四本の柱が枠にはめ込まれ、親柱のあいだで疑似列柱の印象をあたえる。これは後にヘレニズム時代からローマ時代まで発展していく応用建築の最初の例である。

アテネのアクロポリスにばかりかまけて、他の建築を忘れてはなるまい。他の重要な神殿には四四〇年から四一〇年にかけてつくられたものがいくつかある。そのうちのいくつかは外部の構造からドーリス式で、内部の配置がパルテノンの影響を受けている（図7参照）。

アテネのアゴラを見下ろす丘の上にあるヘファイストス神殿（六×一三本・一三、七〇×三一、七七メートル）、ラムノンテのネメシス神殿（六×一二本一〇、一五×二一、四〇メートル）スニオン岬のポセイドン神殿（六×一三本・一三、四七×三一、一二メートル）、デロスの通称アテネ人の神殿（前面六柱前後列柱式・九、六八×一七、〇一メートル）などがその例だが、シチリアのセジェスタ神殿（六×一四本・二三、一二×五八、〇三メートル）は明らかに未完成で、実は神殿ではなかったのかもしれない。パウソニアスによれば、四世紀にアルカディアのバッサエ=フィガリアにアポロン神殿（六×一五本・一四、四八×三八、二四メートル）を建てたのは、イクティノスだったのかもしれない。神室に通じる一本の身廊は、実質的には装飾目的から側壁に沿って反りかえったイオニア式オーダーで飾られ、そこにギリシアでは初めてのコリントス式柱頭がついた円柱が加わっている。そうした意味で、これは四世紀を予告する建築である。

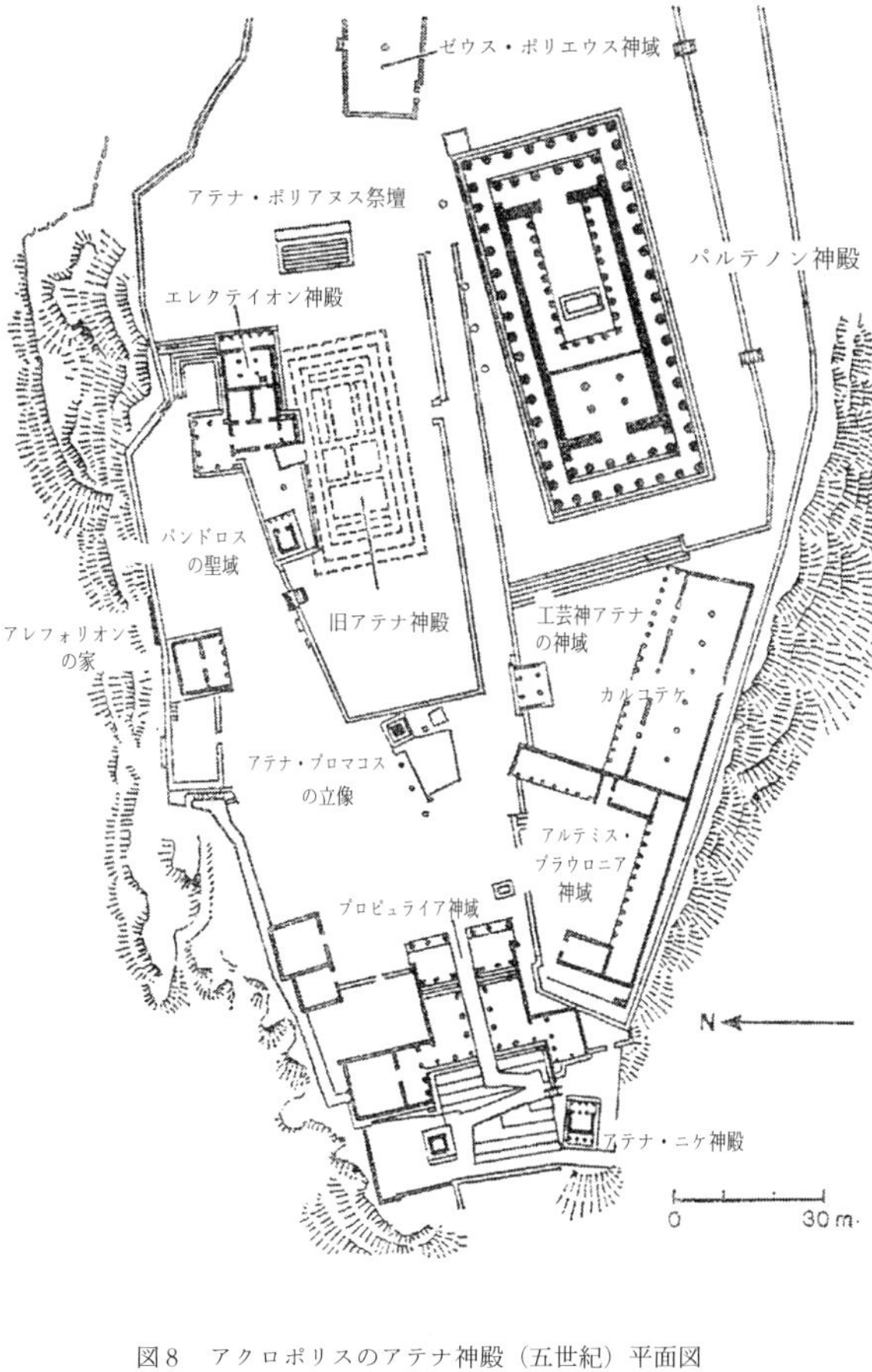

図8　アクロポリスのアテナ神殿（五世紀）平面図

五世紀に神殿が繚乱と咲き誇ったからといって、それで神殿以外の作品の影が薄くなったわけではない。たとえば四五〇年頃、エレウシスでは広々とした秘儀堂《テレステリオン》（五九、五六×四九、四四メートル）が建てられたが、これはデメテル秘儀の祝賀のためにイクティノスによって造営された、四列五柱式の建築である。アテネのアクロポリス南麓では、四四〇年頃ペリクレス音楽堂がつくられた。その形態はペルシア王クセルクセスのテントから着想されたといわれる。新評議場《ブレウテリオン》はアゴラに建てられ、アゴラの回りには最初ストア[1]〔背後の壁面に対して平行な、一列ないし数列にの列柱によって支持され、屋根を備えた建造物〕と呼ばれる柱廊が巡らされた。それは質素で高い直線の柱廊で一つの階に一つの梁間だけであったが、まもなく軸上列柱で仕切られた二つの梁間と、ゼウス柱廊（四二五年頃～四一〇年、長さ四三、五六メートル）のように中央部分からややとびだした棟がつけられた。これらのストアはのちにアルテミス・ブラウロニア神域（五世紀末、第二型）のようにより広く、複雑になっていった。正面はドーリス式だがこれらの柱廊は、内部の列柱にはイオニア式を積極的にとりいれた。

こうした重要な公共建築物と対をなすのが、五世紀にはまだ地味だった軍事建築物の美化である。すでに示したようにペルシア戦争時代、五世紀にアテネの要塞とアクロポリスの復興（テミストクレスとキモンの壁）や、アテネと港のあいだをむすぶ長壁の建設がなされた（本書二八頁、図3、ならびに三一頁参照）。五世紀にはしっかりとした美しい要塞が他にもつくられたが、そのなかでも世紀の初め以来土地の大理石で何度も建て替えられたタソスの要塞と、石灰岩でつくられたアンフィポリスの要塞をあげておこう。

（1）巻末参考文献WG、一一七頁。

後者はこの都市の創設と同時に着工され、四三七年から四三六年にかけてつくられた（本書三二頁参照）。いずれもたくさんの堂々たる門とともに現在までよく保存されて遺っている。

最後に理論的な都市計画が、ミレトスのヒッポダモスという先唱者とともに誕生したことに触れておこう。彼は都市の中に合理的空間構成の原理をさだめ、線が直交する市松模様のプランのメリットとその将来性をたたえた。ヒッポダモス自身はペイライエウス市の整備改造や、南イタリアのトゥリオイのパン・ヘレニズム的殖民地の整備事業、で自論を実践したようだ。トゥリオイの創設に、彼は参加したともいわれている（本書三二頁と五九頁参照）。故郷ミレトスも、のちにヒッポダモスの原理によって改造された。

Ⅱ　古典主義的彫刻

1　厳しいスタイルの前古典主義（四九〇〜四五〇年）

五〇〇年代になるとアルカイック・スタイルは、本物のアルカイック以上にアルカイックな特徴をしめし、美しいが冷ややかな作品のなかでしだいに息切れしていった。そのことは、たとえばアイギナ島アファイア神殿の第一ペディメントを飾る戦士たちに現われている。少し時代が下ってデルフォイにあるアテネ人の宝物庫のメトープは、ヘラクレスとテセウスの偉業をまぎれもない迫力と青銅器時代の小品にみるような精緻と繊細さをもって処理している。ペルシア戦争の衝撃から、精神状態に変化が生まれた。彫刻においてはそれは、厳しさと簡素の気風、断固とした強い態度や無感動な表情を表現する願望、肉体を活発に動かし、運動能力を明示しようとする傾向（たとえその傾向が地味で抑制された動きのなかや、緊張感をはらんだ静止においで表現されようとも）に現われている。

この時代の彫刻家のうち何人かについては、記録による資料から知ることができる。カロン、グラウキアス、アナクサゴラス、テオプロポス、さらにアイギナのオナタスなどである。さらにアルゴスのアゲラダスもいる。レギオンのピタゴラスは「はじめて腱、静脈、毛髪などをこのうえなく精密に表現した」（プリニウス、『博物誌』、第三六巻、第五九章）。クリティオス、ネシオテスの二人は四七七年、アテネの群像『僭主殺し』の修理を行なった。カラミスは有名なアポロン・アレクシカコス（悪を倒す者の意）像をつくった。これらの人びとは工房の枠を超えた強烈な個性の持ち主で、そもそも工房の違いというのは、あまりはっきりしないが、他方原作はたくさん遺されている。

とくに大理石では、アクロポリスの美青年（クリティオス作というのが、当たらずとも遠からずらしい）、シチリアの西端モティヤで一九七九年発見された美青年（この作品は立派に着飾った戦車競争御者とみなければなるまいが、四六〇年頃という制作年代とこの作品の解釈では、なお議論が分かれている）、『金髪の美青年』（頭部、アテネのアクロポリス）、アイギナ島、［アファイア神殿］東第二ペディメントの群像（四八〇年頃）、オリュンピアの［ゼウス神殿の］二つのペディメント（四六〇年頃）、ヘラクレスの一二の仕事を描くオリュンピアのメトープ『花の賛美』（ルーヴル美術館蔵、石碑）をを含むさまざまな浮き彫り、アクロポリスのいわゆる『憂いのアテナ』、アフロディテの誕生を描いた三部作『ルドヴィシのトリプティーク』（ローマ）などがある。

のみならず石灰岩の作品では、セリヌンテのE神殿のメトープ（四六〇年頃）、ブロンズではデルフォイの戦車競争の御者があり、後者はシラクーサのヒエロンとゲロンの弟ポリュザロスによって四七八年から四六六年にかけて奉献された群像の一部（本書八一頁参照）である。アテネ国立博物館には、ポセイドンのブロンズ像があるが、この館の何点かは、カラミスの作風が認められる。ペイライエウスのアポロン像は、G・ドンタスが示したように四八〇年まで時代を下げなければいけないかもしれない。テラ・コッタではゼウスとガニメデの群像（オリュンピア博物館、四七〇年頃、この作品はまだオリジナルの色彩ををとどめている）、こうした作品は、いずれも作者が確認されていない。パウサニアスがオリュンピアのペディメントについてパエオニオスやアルカメノスに報告していても、彼らは理論からいって明らかに後代の人びとであるから、おいそれと信ずるわけにはいかない。したがってテラ・コッタの人形や小胸像、造形的な容器、豪華で変化に富んだタイプの貨幣の浮き彫り、キクラデス（ミロス島）や南イタリアの地（とくにロクリスなど）でつくられたテラ・コッタの造形作品によって、完成しえる厳しい作風の全体像を引き出すのが賢明であろう。

五〇〇年から四六〇年にかけて彫像のタイプに変化が起きた。アルカイックの因習は棄てられて、顔は大きくなり、目はたえずつり上がり、花と髪は短くなった。微笑みは静かだが重々しい余韻を残し、それが苦痛や努力のなかでも保たれる。その頃から肉体は躍動感につつまれ、筋肉、腱、静脈、関節がうきだし、控え目だが正確なその様子が完全に抑制されながら痙攣する肉身の動感を表現した。不動とはいまや硬直と同義ではない。休んでいる人物は自然の均衡を見いだそうとしているのだ。体重は片足にかかり、他方の足は曲がり、つられて腰がやや傾く。場合によっては肉体は、行動の広がりをともなって一回転することができる。リアリズムはアルカイックの時代のようにたんにディテールにあるだけでなく、何気ない所作にもある。このリアリズムは、つねに理想的な美を表現し、瞬時たりとも緩まぬ気品を保ちたいという普遍的願望をみずからに強いる以外、何の強制力ももっていない。衣装は調和がとれ、素朴で丁寧だが堅苦しさはない。

2　初期古典主義（四五〇～四〇〇年）

厳しいスタイルから古典主義への移行はそれとは気づかぬまにすすんだ。当代最高の彫刻家でブロンズをよくするエレウテライのミュロンのオリジナル作品としては、カラブリアのレッジョ博物館に大戦士のブロンズ像が遺されている。この作品は一九七二年リアーチェで発見され、G・ドンタスによってミュロンの作とされた。最も有名なミュロンの作品は、レプリカとして知られる『円盤投げの男《ディスコボロス》』であるが、エウリュトミーすなわちに運動を理想的に区切り完璧な均衡を生むべき手法が、一連の現実的所作をうつす任意のスナップショットをかさねることによって達成されている。トータルなリアリズムは、理想的な再構成から生まれる、というのが初期古典主義の奥義であった。

アルゴスのポリュクレイトスはぬきんでた男性像の専門家で、その裸像は立ったり、休んだりしているが、対立する複数の軽い運動とくに肩と腰の動きのバランスをとることによって動感をあたえられる。彼は理想的なプロポーションのコードを規範《カノン》として定義しようとつとめた。その原則によれば頭部の長さは身長の七分の一が望ましいとされた。ミュロンは四五〇年から四二〇年にかけて、円盤を投げる男、キタラを弾くアポロン、キュニスコス（人名）、『槍をもつ男《ドリュフォロス》』（四四〇年頃）、『帯を巻くを男《ディアドメノス》』（四二五年頃）を制作した。彼の場合形の完成には、いささか冷ややかさがのこった。ミュロンと同時代の彫刻家アテネのフィディアスは、その傑作によって精神の息吹のようなものをひろめた。

厳しいスタイルのなかで育ったフィディアスは、その遺産をあつめ、その過剰な厳格さの衣をはぎ、満開の花をひらかせた（Fr・シャムー）。

彼はブロンズであろうとなんであろうともかまわず制作した。たとえばブロンズではアクロポリスのアテナ・プロマコス（四六五年頃から四六〇年にかけて、高さ九メートル）、金と象牙ではアテナ・パルテノス（パルテノン、四四五年頃から四四〇年にかけて）とオリュンピアのゼウス（おそらく四四五年から四四〇年にかけて、高さ約一二メートル！）、大理石ではまずパルテノンを飾るメトープの戦闘場面の彫刻（四四七年頃から四四〇年にかけて）で、東面の『巨人の戦い』(1)からのもの、南面の『ケンタウロスの戦い』からのもの（これらは最も保存のよい作品で、大部分はロンドンの大英博物館所蔵）、西面の『アマゾネスの戦い』からのもの、そして北面の『トロイ戦争』からの戦闘場面である。フリーズ（全長約一六〇メートル、四四五年頃から四三八年にかけて）には大パンアテナア祭の行列、東のペディメントにはアテナの誕生、西のペディメントでアテナとポセイドンの争い（四四〇年頃から四三二年にかけて）が刻まれている。当然これらの彫刻はフィディアス一人の制作ではないとしても、彼の強烈な個性は肉体の盛り上がり、顔の表情、衣装の模様などが、自然と威厳の混淆から生まれた比類ない完成度に達する均質な作風で他を圧倒した（本書一四九頁、図9参照）。最近の研究はパルテノンのフリーズの解釈を改め、より充実させようと試みている。ジョン・ボードマンによれば、大パンアテナイ祭の行列[2]には一九二名の騎士がみられるが、それはヘロドトスの言葉を信じるならば四九〇年のマラトンの戦いで戦死したアテネ人の数と正確に一致するという。つまり名誉の戦死者をこのようにして英雄化すべきだという提案が、市になされたというのだ（ジョン・ボードマン、『パルテノンのフリーズ』、……別の見解、『論文集』、フランク・ブロマー、マインツ、一九七七年、三九〜四九頁とその図版）。他方L・ブレスキにいわせると（L・ブレスキ『パルテノンのフリーズ、一つの解釈の提案』山猫学会報告、三九、一九八四、一〜一二三頁・ギリシア語で再録された記事、『アルカイック時代と古典主義時代のギリシア』*Plastik*, II, Mayence, 1986, p. 199-224）、西フリーズの人物は、四つの部族に分かれていた古代アテネ市民の宗教的、政治的組織を想起させ、他方南フリーズの人びとは四〇人ごとにまとめられ、それぞれクレイステネスの民主政改革と新たに一〇の部族に分かれたアテネ人に対応するとされる（本書六八頁参照）。行列全体は、結局市の守護女神アテナの衣替えを祝った行列を思わせるかもしれない。東フリーズでは神々が死者をあつめているが、このイメージは象徴的であると同時にリアリスティックで、フィディアスによってアテネ民主政の最大の勝利としてあらわされたペリクレスの政治的意図に対応しているのだろう。

(1)「戦い」と訳すが、原書の仏語はduels(決闘)となっている。これは一騎打ちの場面が多いからである。メトープの解説については巻末参考文献CP、一四六〜一五八頁〔訳註〕。

(2)大パンアテナイア祭は四年ごとにヘカトンバイオン(アッティカ暦第一月、すなわち現在の七月中旬より八月の初旬にいたる季節)の月の下旬に催された。巻末参考文献CP、一九〇頁〔訳註〕。

四世紀後半におけるフィディアスの影響は大きい。墓や誓願の碑などの浮き彫りで、たとえばデメテルとペルセフォネによるトリプトレモスの加入儀式をあらわす図(アテネ国立博物館)などをみると、とくに彼の影響が感じられる。またちょっとした造形芸術、たとえばテラコッタの小像にも、この大家がつくりだしたタイプのものがみいだされる。彼のブロンズ像はますます珍しくなっているが、とはいえポリュクレイトス的着想でつくられた何点かの見事な体操選手の像もある。

だがフィディアスの天才に目を奪われて、他の大彫刻家たちを忘れてはならない。同時代あるいはやや時代を下った彼らの才能は偉大である。たとえばペリクレスの像をつくったクレシラス、ラムヌスのネメシス像(四二〇年)を制作したアグリクラトス、エレクテイオンの女像柱とリアーチェの第二戦士像の作者とされる(G・ドンタスによって)アルカメノス、世紀末に寛衣の襞の処理において新しい、より芳醇な傾向を表現したカリマコスとメンデのパイオニオスがいる。それによって襞はとくに女性の肉体の優美な形を強調しながらひるがえりはじめ、オリュンピアのパイオニオスの像(四一〇年)やアテネのアテナ・ニケ神殿欄干のニケ像にみられるような透明感の効果を発揮した。肖像芸術は世紀後半に陽の目をみたようだ（クレシラスの場合についてはすでにみた）。この新しい写実的彫刻のジャンルで最も見事な例は、一九六九年カラブリアのポルティチェッロ沖で発見され、レッジョ博物館に保存されている表現力豊かな髭の老人の頭部（ブロンズ）であろう。この像の制作年代はおそらく四四〇年から四三〇年、あるいは四六〇年から四五〇年頃と思われるが、一部の人びとはもっとずっと下った時代のものとしている。

四三〇年以降の作品でも、大ギリシアで彫られ、ローマ国立博物館所蔵の『傷ついた悲劇のニオベ（ケンタウロスの娘。女神レトに自分の子供たちを自慢したため、全員をアポロンとアルテミスに射殺された）』などのように、古典主義的傾向に抵抗をみせるものもある。五世紀から四世紀にうつる時期、バッサエの神殿にある保存状態のよいフリーズがアマゾネスの戦いとケンタウロスの戦いの図を描いており（大英博物館蔵）、そこでは写実的な細部と表現力のある所作が無数にみられる。

Ⅲ　絵画、彩色陶器、モザイク

1　後期アルカイスム（五二五〜四八〇年）

五世紀の主流となる絵画については、そのオリジナル作品がほとんどまったく欠如しているので、この芸術について具体的観念を得ようとすれば、当時おびただしく描かれた壺類の絵を尊重せざるをえない。五世紀の陶画を理解するには、まず五二五年にさかのぼらなければならない。というのもこの頃になるとアテネでは技術革新が起こり、それがただちに流行し、五世紀全体（あるいはそれ以後も）にわたって将来性のある技術となったからである。六世紀の四分の三世紀、工房がどこであれ壺絵は、いわゆる黒像技術（バックは明るい）を用い、五四〇年頃にはアテネではエクセキアス（五五〇年から五二五年にかけて活躍した陶画家。彼の壺類はエトルリアのような地にまで輸出された）やアマシスの画家などを輩出して、その頂点をきわめていた。技術において先輩たちを超えることが出来ない若い画家たちは、独創を求めて、五三〇年頃から新たな解決法を導入しようとした。すなわち黒像式は化粧土《エンゴーベ》によってえられた白いバックに黒い絵を描き、白像式は黒いバックに、オレンジ像式の絵は黒いバックにアッティカ粘土の自然色で描く、つまりそれまで守られた技法を逆転させたのである。そうしたなかでエクセキアスの弟子で「アンドキデスの画家」とよばれる無名の芸術家とともに、いわゆる「赤像式」が生まれて電撃的成功を収め、アッティカ陶器を他の流派をはるかにこえて流行らせるにいたった。実際アテネ派は時をうつさず、装飾陶器の生産を一世紀以上にわたってほとんど独占していったのである。

もちろん多くの芸術家はいちはやく技術を棄てたわけではない。多くの容器は黒像で飾られ、そういう状態は五世紀半ばまでつづいた。しかしそれらの作品はますます凡庸となり、六世紀末には余白充塡のモチーフ（眼、葉のついた枝）の出現による装飾過剰で、またあるものは内容の貧弱さと投げやりな特徴で駄作になっていった。ただしパン・アテナイ祭の体操で優勝した選手が褒美としてあたえられるアンフォラだけは、何世紀ものあいだ宗教的保守主義をもって優れた黒像を守りつづけた。このアンフォラの一面は、つねにアテネの守護女神アテナを、残りの面はスポーツ競技をあらわしていた。この傾向は後期ヘレニズム時代までさしたる変化もなくつづいた。

五二五年頃から優れた画家は、赤像式の冒険にとびついた。当初工房は多くの場合バイリンガル、すなわち片面には黒像を、のこる面には赤像を、同一の作家あるいは複数の手が描いた。アンドキデス、プシアス、パセアスらの画家による初期の模索ののち、五一五年以降赤像のパイオニアのグループが優れた芸術家を輩出するようになった。才能に自信のある彼らは、ほとんどみな作品に署名を遺している（オルトス、エピクテトス、エウフロニオス、エウテュミデス、フィンティアス、スミクロス、ソシアスなど）。新技術の利点はたくさんあった。まず尖筆ではなく筆による細部の表現によって、版画家としてではなく素描家として本格的な仕事ができるようになった。線の太さを変えることによって修正や、より繊細な表現が可能になり、また溶かすニスの加減や、焼成によって茶から黒までの色階において一定の度合いがつけられるようになった。グラフィックの質も早くも完璧の域に達し、たとえばエピクテテスはくっきりした線と柔らかな線、調和のとれた図柄の配置、全体を損なわない細部の感覚を会得した。逆にいえば過剰に細密な洗練を求めたり、現実感をこえた細部をのぞむのは危険だということだ。こうした傾向はエウフロニオスなどにはっきりとみられ、ときとして彼の技量はほとんど科学的な正確さをもって、一目にみえない筋肉の解剖学的表現の実践に適用された。こうした細かいリアリスムの開発者たちは、一定の因習（たとえば横顔に正面を向いた眼を描く）に忠実でありながら、他方で同時代の浮き彫り彫刻家を理解しようとつとめていた。

いわゆる「厳しい様式《スタイル》」（陶芸研究家は五二五年から四七〇年にかけてデビューした赤像式をそのように呼んでいるのでそれにならうが、実は彫刻研究家のほうは、四九〇年から四五〇年を「厳しい様式の彫刻の時代」と呼んでいるのである）に属する第二世代の芸術家は、パイオニアたちによって開始されたこのスタイルを、もっと高度のリアリスムの感覚において研究を継続させていたのである。

一部の陶芸家たちは大型容器の装飾に特化した。そういう陶芸家では、ミュソン（四九〇年頃〜四八〇年頃。アッティカ地方の芸術家、バイリンガルの混酒器の作品がある）から始まって陶画家クレオフラデス、ベルリン、[1]ニコクセノス、エウカリデス、シレウス、シリスコス、コペンハーゲン、ハロウ、ゲラス、ティシュキエヴィッチ、パンがいる。小型の陶器（とくにグラス類）の装飾を好んだ陶芸家はオネシモス、ドゥリス、マクロン、さらに小型陶器の陶画家にはブリュゴス、フォンドリ、アンティフォン、トリプトレモス、ボン、コルマールがいる。五〇〇年から四七〇年にかけて活躍したこれらの独自の個性をもつ巨匠たちは、同時に才能ある素描家でもあった。彼らは人物の所作をおだやかにし、黒像式からつづいた色のハイライトを棄てて、とくに頭髪の表現などに茶色の味わいを利用し、ギリシア陶器のなかでも最高に美しい容器をつくった。たとえばディオニュソスの素晴らしい群像を描いたアンフォラ（ミュンヒェン 2344）、トロイ戦争の痛ましい光景を描いたクレオフラデスの画家による水甕《ヒドリア》（ナポリ 2422）、同じ主題のルーヴルの酒杯（G152）や、ブリュゴスによる、プリアモスにヘクトルの遺体の賠償金を支払うアキレスをあらわすウィーンの大盃《スキュフォス》（美術史美術館 3710）、陶画家ドゥリスによる、息子メムノンの遺体を抱く曙神エオスをあらわす図で異教徒の感動的なピエタ像ともいうべきルーヴルの酒杯などがある。

（1）以下地名や施設名、神話の英雄名などは、画家の名前が不明なので便宜上学者がつけたもので、このベルリン〔の陶画家〕は無署名でアンフォラが三〇〇点以上あるといわれる。この点については本書一四六頁参照〔訳註〕。

テーマはといえば、六世紀末以来あいかわらず神話の場面（ヘラクレスとテセウスの偉業など）が叙事詩（イリアスなど）から着想された場面と併存し、これに演劇（とくにアイスキュロスが劇化したダナエのようなヒロインが登場して以来）の場面がくわわった。さらに一段とふえたのが風俗もので、無名の人びとの決闘、ダンス、宴会、エロティックな遊び、スポーツなどあらゆる人間の姿が現われる。動物はますます影をひそめていくが、ただ人間の愛玩物である馬と犬は例外である。

2　古典主義

一九六九年パエストゥムで発見された通称『水に飛び込む人の墓』は、おそらく四八〇年頃の大壁画を知るうえで最もよい例となった。一見この絵は素描に彩色しただけで、遠近法もなければ奥行きも感じられず、六世紀の普通の絵画と変わったところがないかにみえた。しかし注意深く観察してみると色（赤、青、緑）が大部分で、それらが人物の輪郭を決めるうえで機能的役割を果たしているのにたいし、黒い線は細部をひきだすために二次的にしか現われない。表情の処理に細やかな配慮があたえられるので、一方の愛欲や他方の好奇心など主役たち（ここでは宴席に二人）の感情がはっきりと表われている。

こうした人物の表現への配慮、エートス（心的特性）を暴こうとする意志は、タソスのポリュグノトスにとって中心的関心事であり、プリニウスによれば彼は「人物の口を開き、歯を出してみせ、表情の古代的な硬さを変化に富んだ表現でおきかえた最初の人物であった」（『博物誌』、第三五巻、第三六章）。四七五年頃から四〇〇年頃まで活躍したポリュグノトスは、大きな構図でたくさんの人物を描く場合（たぶんフレスコ画の場合）、彼らをいくつかの段階に配分して一定の奥行きの感じを出したいという願望をもっていた。たとえば『イリウ・ペルシス』（トロイの陥落）や、デルフォイのクニドス人の集会場《レスケ》の『降霊術《ネキュイア》』（ユリシーズによる死者の喚起）がその例で、後者についてはパウソニアスが、細部にわたる描写を遺している。彼の作品には、樹木、川、小石の点在する浜などのかたちで風景も現われている。

アテネのミコンはポリュグノトスと同時代の画家で、四六〇年頃、彼とともにアテネのアゴラを囲む「絵画の柱廊《ストア・ポイキレ》」を絵で飾った。彼は『アマゾネスの戦い』と『マラトンの戦い』を描いたが、とくに人物の量感の表現に腐心したらしい。プレスタイネトスとパナイノスは四三〇年頃、彼らの親類であるフィディアスによって制作されたオリュンピアのゼウスの装飾にくわわった。サモスのアガタルクロスは「背景画家」という異名をもったが、それは彼が初めて舞台背景の絵を描いたからで、おそらく彼は絵画空間の構成と遠近法の表現を進歩させたであろう。最後の三分の一世紀、アテネのアポロドロスが「明暗の画家《スキアグラフ》」と呼ばれたのは、陰影とぼかしの作用の可能性を追求したからであろう。ヘラクレアのゼウクシスはテーマをより穏やかでゆったりとした雰囲気でつつむことに意を砕いた（『化粧するヘレネ』、『ケンタウロスの家族』、『薔薇の冠を頂くエロス』など）。彼のライヴァル、エフェソスのパルラシオスは、写実的で生命感に満ちた肖像画家として有名だが、同時に際どい小品でも知られた。こうした芸術家たちにとって共通の理想は、依然として現実をできるかぎり写実的にあらわすことであった。といっても彼らが求める現実は、美しく調和のとれた現実、一言でいえば理想的な現実であった。

五世紀の陶画は、ほとんどアテネ産ばかりである。とくに本格的絵画に近いカテゴリーは、四七〇年から四〇〇年のあいだに盛んになった「白地の容器」によって成立していた。それらは大半が葬儀用の取手付き壺《レキュトス》で、それゆえテーマも墓碑のテーマ、「故人への告別」とか「副葬品」のそれに近かった。だがそればかりでなく、容器といっても酒杯や混酒器などもつくられた。ここでは素描は豊かな色をそろえた本物の絵画に歩を譲り、遠近法による表現など、本格的絵画の革新が反映された。このように特殊技術において最高に秀でた画家なのに、その名前すら知られていない。そこでわれわれは四六〇年から四一〇年までの画家を、便宜上ソタデス「の画家……以下同じ」、アキレウス、平皿、ペルシア皿、テュムボス、タナトスなどという名で呼ぶのである。

しかし五世紀のアッティカの陶器は多くが滅びつつある黒像式などもはや太刀打ちできない赤像式に忠実であったが、ただボエオティア島の黒像式は、しばしばカリビオン式という名の諷刺画的なスタイルで命脈を保っていた。カリビオンはテーベに近いボエオティアの聖所で、それにちなんでつくられた様式である。四七〇年から四五〇年にかけてギリシア陶器は「自由なスタイル」の赤像式へと発展していった。「自由」といったのは、画家たちがいまやある種の因習から離れ、たとえば横顔には横からみた眼を描くようになったからである。人物の所作はしなやかになり、多様化していった。

ニオビデ〔ギリシア神話、ニオベの子供たちの意〕の画家はポリュグノトスから人物をいくつかの段階に分けて配する手法を借用した。たとえば混酒器（ルーヴル G341）でニオベの娘たちがアポロンによって虐殺されている図はその例である。ヘルモナックスやペンテシレイアの画家はその最高の作品を描くとき、意味ありげな視線で表情に生命感をあたえる術を知っていた（たとえば大盃の円形部分《メダヨン》でアキレウスとアマゾネス族の女王ペンテシレイアの図、ミュンヒェン 2688）。四五〇年頃、アキレウスの画家は英雄アキレウスの静かな力と美しい風貌を自然に表わしている（アンフォラ、ヴァティカン 16571）。彼は平皿の画家とならんで、白地の見事な皿も装飾した。

この世紀の四分の三世紀、クレオフォン〔アテネの政治家、第一回僭主政革命（四一一年）直後に登場した政治家〕の画家は、おそらくフィディアスの浮き彫りからヒントを得て、人物を柔らかで貴族的な物腰や、かしげた顔で描いた。彼につづいて、才能豊かなディノスの画家、ついでカドモスやポトスの画家が輩出した。その他の画家は、ポリュグノトスとその一派とならんで、人物に造形的な姿勢をあたえようとしたが、必ずしも誇張から抜けきれなかった。ポリオン、アイソン、アリストファネスらは、いっそう同時代の大絵画に啓発されたと思われる。

テーマは相変わらず神話的、英雄的なものが多いが、人間の風俗的な場面の割合もたえずふえつづけ、それが世紀末には、「華やいだ様式」となって開花した。この様式はすでに四三〇年から四二〇年にかけて「女の化粧の優しい」画家、「エレトリアの繊細な」画家、「シュヴァロフの」画家[1]が予告し、さらに「メイディアスの」画家が具象化した様式である。彼の作品『ヘラクレスとヘスペリデス』〔原文では作品名が明示されていないが、内容からして大英博物館所蔵の水甕の赤像式絵画をさすと思われる〕では、優雅な娘たちが襞付きのしゃれた衣服をまとい、美青年たちを相手に話し合い、エロスがその周囲をとびまわる。ヘラクレスのような通常気むずかしい英雄たちもこのときばかりは優しい話し相手となる。世紀の最後の一〇年になると、「タロスの」画家や「プロノモスの」画家らは、仕草や表情が著しくマニエリスム的表現になるにもかかわらず、力強さはいっそう増しているのがみてとれる。

(1) 啓蒙主義時代のロシアの所有者にちなんでつけられた名。現在作品のアンフォラ『アポロンとミューズ』はエルミタージュ美術館所蔵（4308）〔訳註〕。

風俗や非暴力的神話の場面を選好する新たな傾向は、コリントスやボイオティアの工房とならんでアテネの一部の工房で生産される赤像式スタイルの陶器にみられるようになる。とくに四三〇年以降は、南イタリアのギリシア諸都市にこうした工房が出現した。おそらくペロポネソス戦争の勃発やチフスの流行（本書三六頁参照）を逃れたアテネの画家や陶工たちによってつくられたこれら古代イタリア産の容器は、ケラメイコス〔アクロポリスの北西にある古代アテナイの街区。陶器工房が連なり、陶芸、窯業をあらわすセラミックの語は、この地名に由来する〕産の陶器にきわめて近いはずである。たとえば日常生活や演劇の影響が、画像の選択において感じられるのはそのためである。

専門家たちは、四世紀にめざましい発展を約束されていた二つの異なる工房を識別している。一つはルカニアの工房で、一九七三年になされた発掘によってその位置がメタポンテに特定された。もう一つはアプーリアの工房で、四世紀最後の四半世紀ターラントにあった。ルカニアの工房はピスティッチの、キュクロペの、とくにアミュコスの画家たちによって、ついで世紀末にはパレルモの画家、アポロンを祀るカルネイア祭の画家、ポリコロの画家たちによって広く知られた。アプーリアの工房については、ターラント博物館所蔵でカルネイア祭の画家により描かれ、四一〇年頃の作とされるアンフォラ（8263）が、ドレスを渦巻き状に回す踊り娘を優雅さと繊細とで見事に演出している。初期のアプーリアの工房は、ベルリンの踊り子の画家、シシュフォスの画家、ハーストの画家、アドリアネの画家、グラヴィナの画家、ディオニュソスの誕生の画家らと結ばれ、装飾のテーマは神話から着想されていた。シチリアにおける赤像式陶器も、元となったギリシア型の影響を受けているので、その登場にも触れておかなければならない。世紀の最後の一〇年になると、市松模様の画

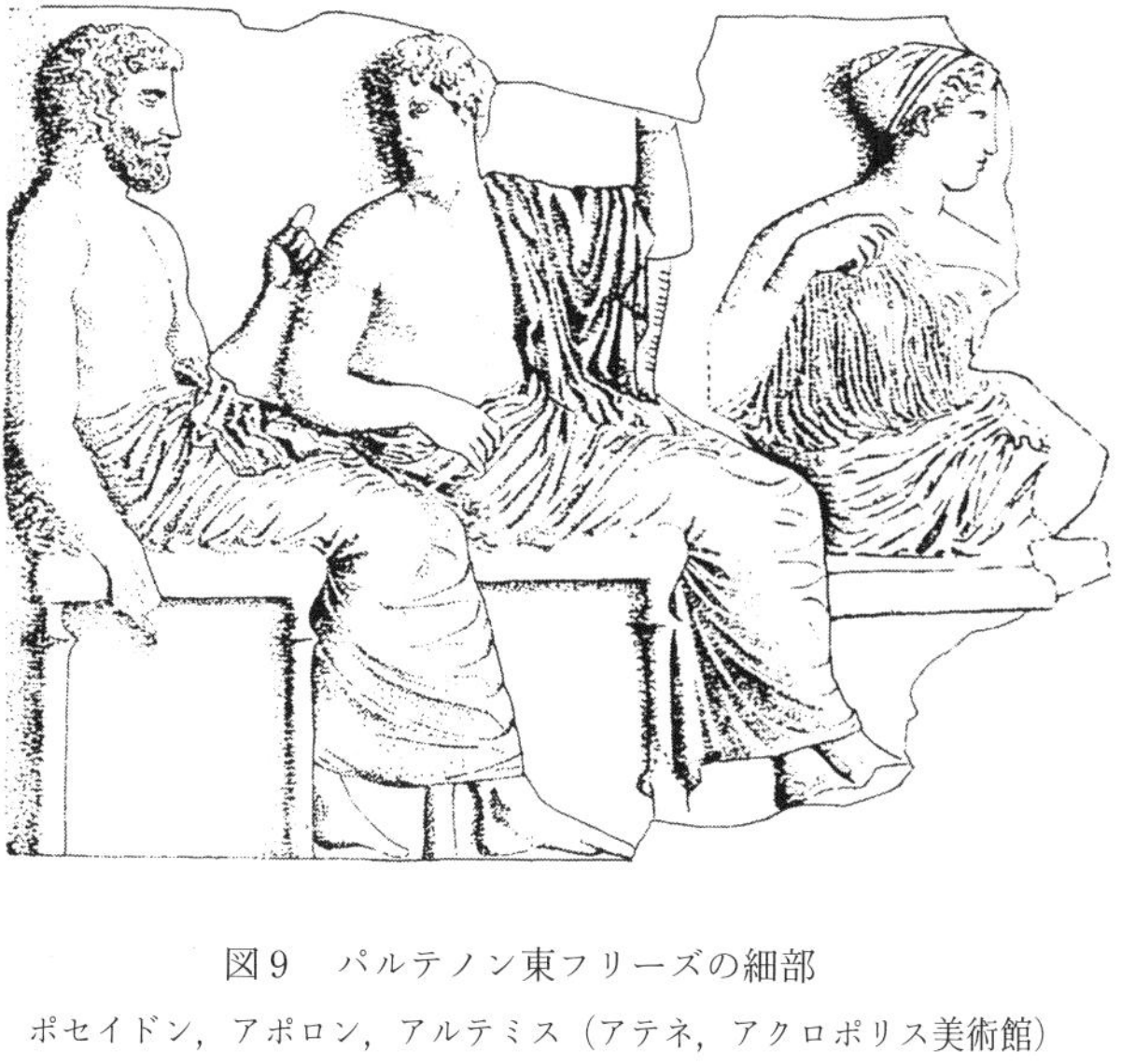

図９　パルテノン東フリーズの細部

ポセイドン，アポロン，アルテミス（アテネ，アクロポリス美術館）

家とディルケの画家ような画家たちは、四世紀につづく自身の後継者を、少なくともわれわれが知るかぎりシチリアにではなくむしろパエストゥム地方にもった。

ギリシアにモザイク芸術が現われるのも、やはり五世紀末のことである。といってももっぱら歩道のモザイクで、さしあたり色も限られ、白、黒、赤の自然石でつくられた。カルキディケ半島のオリュントスのいくつかの家では、こうしたまだ素朴な時代のモザイクをみることができる。具象的モザイクが高揚していくのは四世紀に入ってからのことで、それも依然として小石によるモザイクをまもりつづけていた。

結論

少なくともわれわれが知るかぎりの感動的な長編歴史小説『創造』（仏語版、グラッセ、一九八二年）の最初の数頁において、ゴア・ヴィダルは四四五年のアテネの世情を主人公たる老ペルシア大使キュリュス・スピタマの人との出会いやさまざまな活動をとおして伝えている。彼は自分の考えを若いデモクリトスに伝えていると考えられるが、ペリクレスの都市について、つぎのような言葉で一連の指摘を結んだ。

こんにちのアクロポリスの特徴は何かといえば、それは家々と、つまり人びとがあがめるフリをしている神の像を擁する神殿で成り立っているということです。「フリをしている」というのは、私にいわせれば、アテネ人は過去の「形」を守ることにかけては根っからの保守主義であるにもかかわらず、根本的には無神論者なのです。というのも私の親類のギリシア人の一人が物騒な自尊心をもって最近堂々と「人間は万物の尺度だ」といったからです。確かにアテネ人は内心、そう確信しているはずです。だからこそ彼らは、信じがたいほど迷信深いくせに、罪を犯した者を容赦なく罰するというパラドクスに陥るのです。

キュリュス・スピタマは正しいのだろうか？「そんなことはない」と、大多数のアテネ人はいうだろう。彼らは当時までおそらく伝統的な神々を信じていたからだ。もっとも彼らはまもなくベンディス、[1] ザバジオス〔雷の神。トラキアあるいはフリギアの神で五世紀頃アテネに登場した〕、キュベレ、アドニスといった異国の神々に惹かれるようになる。いずれにしても老ペルシア大使が（その親類というのは、むろんプロタゴラス）、ペリクレスをはじめとして全アテネ人が必ずしも信心深くはないのだといっても、間違いなかったろう。とにかく彼は五世紀のパラドクスの一つを的確に強調した。すなわち不可知主義と無神論の誕生というパラドクスであり、同時に宗教的形式主義と迷信のパラドクスである。迷信は民衆ばかりでなく、重要人物をも犯した。たとえばニキアスが失敗した原因は、部分的だが月食後の一か月間拱手傍観したことに帰せられる。

（1）トラキアで崇められている月の女神。四三〇年頃、港湾都市ペイライエウスに公式に紹介され、プラトンはみずからソクラテスをベンディス祭に迎えたと伝えている〔訳註〕。

このような一部思想家や指導者の不可知主義と多くのギリシア人の盲目的迷信とは、当時たくさん存在したパラドクスのほんの一例でしかない。われわれ現代人からみて、もっと深刻そうで、理解のしようによってはペリクレスの世紀全体の評価を落としかねないパラドクスがいくつも存在する。そして現代の視点からみて最も衝撃的な矛盾の一つは、政治社会の次元に横たわっているのである。アテネをはじめかなりの都市で奴隷制が当たり前で、どの都市でも市民的権利が限られた数の人びとにしか認められていないとき、いったいどうして平等とか民主主義について語ることできるだろうか？　ペリクレスによって支配される都市アテネが、デロス同盟の諸都市にたいして覇権主義を発揮し、同盟もそれを完全に承認し、すすんで誇りとしているとき、どうして自由と自主をそのアテネでたえず口にしていられたろうか？

つまりそれは、当時の見方や判断のしかたが、こんにちのそれとはちがうということなのだ。五世紀ではすべての人びとが奴隷制は自然の法則にかなっていると認めていた。したがって生まれつき市民共同体に属していない人びとに市民権をあたえることなど思いもつかないし、男性よりも劣っているとされる女性とそれを分かつことも考えられないことだった。そもそもそういう性差は自然によって、つまり神の意志によって定められたことで、後にアリストテレスもいっているように、機織りの飛梭《ひさ》が自動的に動かせない（経済的視点から奴隷の必要性を正当化する言葉だ）のと同じように、変更することができない掟なのだ。社会主義的思想も五世紀には無縁であり、奴隷の労働であれ、外国人や自由人の労働であれ、人間の労働条件の規制に考慮を払うものなど、誰一人いない。誰もが自分の希望を運と神に託すことによって最大の運命論者ぶりを発揮した、大都市の覇権主義的支配にかんして、一人として動揺する者はいなかった。アテネが弱小都市を支配する権利を備えたのは、その自治権、自由な企業精神、その活動力の結果なのだ。強力な都市が弱い都市に命令し、場合によって搾取するのは自然の法則が望むところだ、と考えられた。ただそれが過剰にならなければ、つまりデルフォイの神殿に刻まれた名句「矩を超えず《メデン・アガン》」に従いさえすればよい。

このように均衡を求めるのは、ペリクレス時代の多くの精神にとって一つの重要な手法であった。とくに彫刻家、建築家、といった芸術家は、世紀半ばを過ぎた頃からこれを乱用した。政治の世界でも、ペリクレス自身、これを自分の暗黙の行動規範とした。だがいずれの場合でも、均衡とはつねに不安定なものであり、無数の要素の組み合わせにたえず脅かされる。それほど頻繁ではなかったとしても、五世紀に自然災害が皆無ではなかった。四七六年にはエトナ山で噴火が起こった。四六五年に発生したラコニアの地震はスパルタの均衡が破れ、その結果奴隷の反乱が起こった。四三〇年から四二〇年にかけては、ペストがアテネを激しく攻撃した。なかんずく戦争は、すでにいくどとなくみたとおり一種の世紀病となった。殺人的で、荒々しくしかもしばしば執拗な戦争は人びとに熱狂をもとめ、彼らを驚くほど残虐きわまりない世界へとみちびく。サラミス海戦のさいにはペルシア軍の捕虜が血祭りにあげられ、ペロポネソス戦争では、アテネ自身による他のギリシア人の虐殺がたびたび行なわれた（とくに四二一年のスキオネ[1]や四一五年のメロス島の虐殺など）。

（1）スキオネは年貢六タラントをデロス同盟に払うことを求められた。ペロポネソス戦争のさい、市はスパルタの将軍ブラシダスを熱狂的に迎えたが、その結果、四二三年、アテネ軍クレオンの部隊に男は全員殺されるという残虐な復讐を受けた〔訳註〕。

しかしここにもう一つの時代の矛盾がある。それは優しさの思想が発展していったということだ。そのことは四四〇年から四三〇年にかけてすでに陶画において、エロスがしどけない姿勢の若者のまわりではしゃいでいるような風俗画への嗜好が高まったことからもわかる。われわれはまた、後の時代にたびたび起こったようなくらべると感嘆せざるを得ないようないくつかの寛恕の場面に立ち会う。その味わい深い一例は、世紀半ばのシチリア史のかなり特殊なエピソードによってもたらされる。そのときシラクーサとアグリジェントの両ギリシア人都市は、その地域的ナショナリズムの覚醒に直面した。地元のシクル人は剛胆不敵な隊長ドゥケティオスに率いられて独立を宣言し、重要な拠点を占領した。ギリシア側は彼らに戦いをしかけて四五〇年に勝利を収め、ドゥケティオスは屈した。

シラクーサの広場に彼が着いたとき、夜はまだ明けていなかった。祭壇の下に座ったドゥケティオスはシラクーサの市民に自分の命と財産のすべてを捧げると申し出た。突然の知らせを聞きつけた民衆は広場に殺到し、執政官らはドゥケティオス問題にかんしていかなる措置をとるべきかを論じるための集会を招集した。慣例にしたがって何人かの弁士が人びとに向かって演説を行ない、彼を敵として罰し、これまで失敗について報復をするべきだと主張した。しかし会に居合わせた元老で最も思慮深い人びとは、嘆願者を尊重し、運命の神を畏怖し、神々の復讐を恐れなければならないことを指摘した。運命の神に見放された者を死に追いやるのは恥ずべきことではないか？　嘆願者を救い、神々への敬意を守ることこそ、民衆に相応しい寛大さではないか。これをきくや民会は満場一致でドゥケティオスの赦免を宣言し、シラクーサ市民は命乞いをするドゥケティオスを揺るすと同時に、コリントスに向かって出発させ、彼の対面に相応しいものを提供することを命じた（ディオドロス・シクロス、『歴史叢書』第一〇巻、第九二章）。

古代でもとくにギリシアでは（あるいはローマでも）めったにみられない、異民族にたいする赦免と同情の見事な例である。世紀末になると、「平穏」という考えが広がる。政治の分野では一部の人びとが、都市のなかと都市と都市のあいだの「融和《ホモノイア》」を説きはじめ、次の十年間、イソクラテスがその流れを引き継ぐことになる。

五世紀という時代は残酷と優しさ、民主政と僭主政的覇権主義、隷属と自由、迷信と初期不可知主義、道徳の危機と過去の価値の検証（というより人間の幸福と利益の方向への価値観の更新）の時代であった。同時にそれは動乱、暴力の時代、興奮の時代でさえあった。ペリクレスの世紀は矛盾、パラドクス、対立、要するに激烈な生命の時代であった。しかし戦争や虐殺や不正や一部の精神の狭隘さが生み出したこうしたネガティヴな側面があるからといって、建築の偉大さや文学の気品、ソフィストの才能と論理、彼らとならぶ哲学者の思想の独創性、そしてアテネにおいてなされた当時の思考の範囲で最も実現可能な民主政の追究等々を忘れてはならない。この世紀を理想化してはならない。それはそれを変形することであり、単純化し、歪曲し、非現実化することである。五世紀の彫刻家がすべて、ミュロンでもなければ、ポリクラテスでも、フィディアスでもなく、ましてすべての政治家がペリクレスと同じ器量をもっていたわけでもない。欠陥がないわけでもないこの世紀に、罵りの言葉をぶつけてはならない。アテネを単純化することなくそれにに最高のオマージュを捧げようとするならば、われわれはその偉大さと同時に悲惨さも、対立と同時に錯綜も、富と同時に生活も示さなければならないし、しばしばそのギリシ

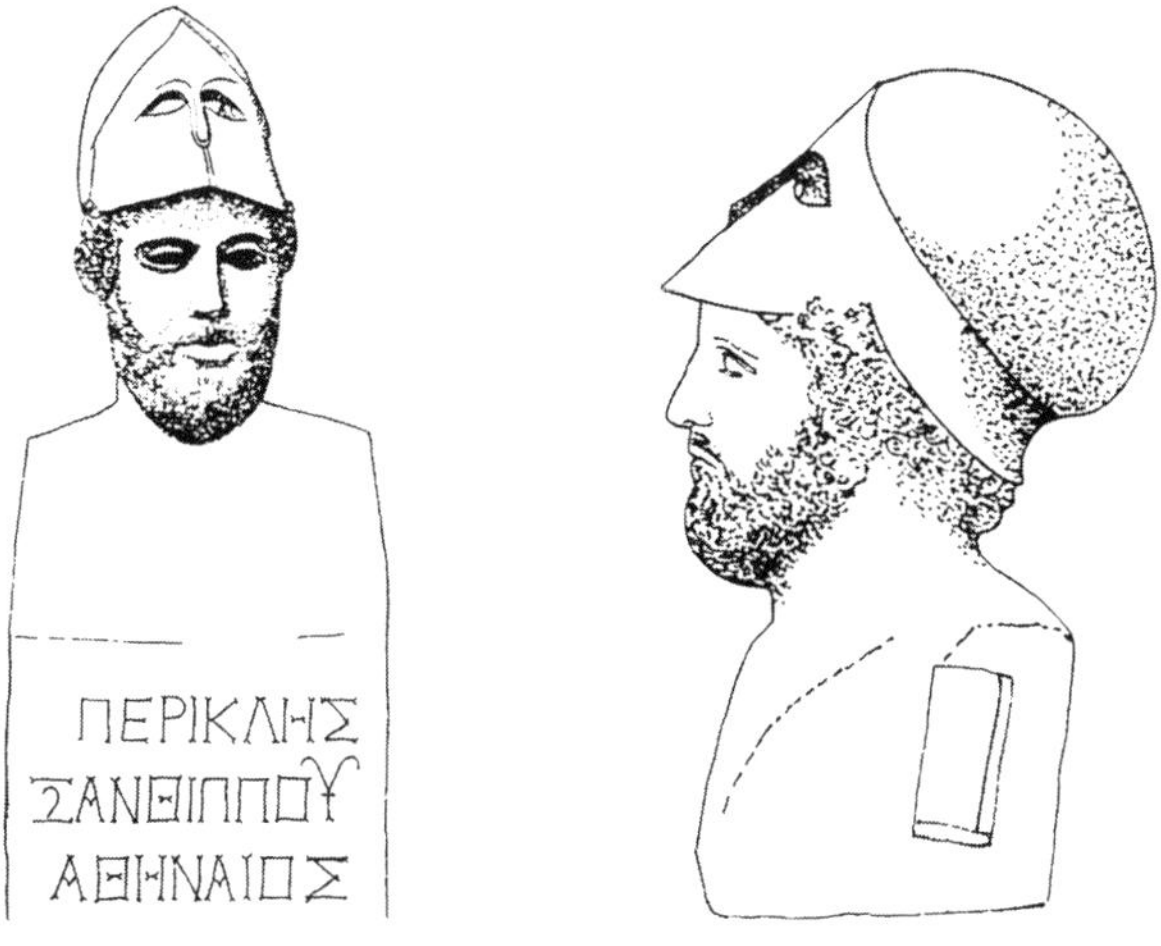

ペリクレス（ヴァティカン博物館）　　ペリクレス（大英博物館）

図１０　ペリクレスの肖像

ア派的特質を過大視しがちなアテネ史ばかりにとじこもっていてもいけない。ペリクレスの芸術と思想は無数の傑作を創造し、それらは美と知性への賛歌として開花した。しかしそうした装飾の裏側もまた時代という全体の一部分であり、それこそがしばしば完璧か完璧に近い雄大さにおいて現われている無数の頂を、より多く浮かび上がらせるだけなのである。

訳者あとがき

本書は、Jean-Jacques Maffre, *Le siècle de Périclès*（Coll. « Que sais-je? » n°437, PUF, Paris, 1994）のほぼ全訳である。

『空気、水、土地』という、最近の環境問題を扱ったかのような文を書いたのは前五世紀の医者ヒッポクラテスである。曰く「ヨーロッパ（というのはもちろんギリシアのこと）の人びとは体格も体型もいろいろ異なっているが、それは夏の熱波、冬の寒波、年間の晴天が三〇〇日、雨季と長い乾季、風など多種多様な変化を引き起こすからである」（二三節）。彼によるとそうした要因は「野蛮、非社交性、悪霊に通じる」とされる。これらの要因がギリシア人の社会生活にも影響をあたえたことを考えると、つぎのようなあるアメリカの学者の指摘も大変興味深い。

「北ヨーロッパと違って、冬だからといって「ギリシアの」人びとはめったに部屋に閉じこもってはいない。暗いわずかな日々を除いて、彼らは驚くほど戸外で暮らすことが多い。年間の晴天日が三〇〇日近い環境は、文字や瞑想によるのではなく優れて会話による文化（verbal culture）を育てるのに適している。つまり公の議論は、個人の研究に優先するのだ……」（Peter Green, *ANCIENT GREECE*, 1973. より）。

もちろんこれがギリシア文明の発祥や本書のテーマともいうべきアテネの民主政成立の鍵だなどと、おおげさにいうつもりはない。陽光に恵まれた古代都市の遺跡はアフリカや遠くメソポタミアなどの西アジア各地でも存在が確認されている。しかし支配者あるいはそれを支える階級と隷属者との関係が主体となる都市と、市民が集まって政治を動かす民会を生み出したギリシアの都市国家ポリスとは根本的に性質が異なる。そしてこのような大きな違いをギリシア諸都市にもたらした要因の一つに前記の気候から生まれたギリシア人の気質を数えることは可能だと思う。またギリシアが特殊な環境にあるゆえんは、そうした気候ばかりでなく東西の交易の舞台となったエーゲ海の沿岸部、島嶼や大陸や地峡の入り組んだ地形、小規模な無数の山間部などいろいろと挙げられよう。

民主主義は無数に点在するギリシアの諸都市のなかでも、とくにアテネでなぜあのような発展を遂げたのか。もちろんいま挙げた気候や地形だけの要因で説明できることではない。アテネの民主主義は、神話的古代社会からはじまり、王政、貴族政、寡頭政、さまざまな制度上の試行錯誤のなかで市民がたどり着いた、あるいは完成させた当時としては最良の政治形態であった。とくにペルシア軍の侵略に対抗しなければならない状況に立たされたイオニア諸島やギリシア本土の諸都市は、市民参加による戦力増強という意味からも民主政の成立は必然だったのかも知れない。少なくともデロス同盟でペリクレスが率いるアテネ軍が盟主の立場に立ち、ペルシア戦争を勝利に導いた裏には、この都市の民主政が有力な基盤として作用していたと考えられる。

デロス島にあった同盟の金庫は民主政下のアテネに移され、富の集中とともにそこには未曾有の文化の花が開いた。パルテノン神殿の建築論などやや異常なくらい精緻な解説（この部分の数式は、日本の高校生程度の数学で理解できるはずだが、フランス語を直訳するときわめて難解に思えるため、訳者の独断でパラフレーズさせてもらった。冒頭に「ほぼ全訳」といったのはそのためである）を読むと、マッフルはペリクレスの時代に花開いた芸術、文学、建築といった古典主義時代の文化的繁栄の叙述を通してペリクレス論を語った、といえなくもない。

いや実際彼は、アテネにもたらした政治家としてのペリクレスを、トゥキュディデスの言葉を借りて賞賛する。

> われわれの政治体制は他国の法をモデルとしてはいない。われわれは模倣者ではなく、むしろわれわれ自身が他国のお手本なのだ。この体制の名称はといえば、物事はすべて少数ではなく、多数によって決められるから民主主義である。民主主義とは個人に帰着するようなものだろうか？　個人間の争いごとにかんしては、法は万人にたいして平等である。他方称号にかんしては、人がある分野で傑出すれば、彼を公職に近づけるものは属する階級ではなく、その功績である。逆にいえば、貧しくとも国家に対して働くことができる人間は、低い地位によって活動を妨げられることはあり得ない（トゥキュディデス、『歴史』、第二巻、第三七章、第一節、本文七二頁）。

よく引用されるこのは文章は、ペロポネソス戦争のはじまった年、戦死者を祀る国葬で彼が行なった演説、いわば弔辞である。だがトゥキュディデスは別の箇所で次のようにいっていることも忘れてはならない。

平時にアテネの首長の座についているあいだじゅう、ペリクレスは穏やかに市政を運営し、しっかり見守っていた。だからこそ、彼の治世のアテネは、最も偉大な国家だった。戦争がはじまっても、彼は何がアテネの力となるかを見抜いているようであった。それまでに得た実力を通して、民衆がいかに奔放になろうともよく抑え、彼らに引きずられることはなく、逆に彼らを導いた。実際非合法の資源から手段を借りてはいなかったし、決してお世辞をいうこともなかった。それどころか他人から受ける尊敬を利用して、彼らの怒りに対抗しようとした。いずれにしても、彼らが常軌を逸して傲慢な自信に陥るのをみるや、つねに彼はその言葉で相手の耳朶を打ち恐れさせた。さらに彼らが無意味な恐れを覚えれば、彼らを安心させた。デモクラティアという名において政治を実行した、彼は最初の人物であった（トゥキュディデス、『歴史』、第二巻、第六五章、第五、八～九節、本文七三～七四頁）。

彼もペリクレスも、ともにアテネが海上制覇による覇権主義で多くのポリスから反感を買っていることも知っていたはずである。ペリクレスはスパルタとの戦いをみずから求めていなかったとしても避けられないこと、そしてアテネが敗れることも知っていたに違いない（巻末参考文献ＬＰ、三二三頁）。彼の死後民主主義はこんにちでいうポピュリズムに堕し、急速に衰えた。同時にそれは古典主義の凋落であり、アテネの没落の始まりだった。しかしこの点について語るには、まずもってトゥキュディデスが書いた長編のペロポネソス戦史を通読しなければなるまい。

本書は最初一九九〇年に出版されたコレクション・クセジュをもとに訳したが、訳出後著者から一九九四年版のコピーが送られてきた。調べたところ、数か所をのぞいて内容の異同はほとんどなかったが、参考文献の追加が相当数あり、訳者が行なったこれらの欧文の整理、本文中の文字や数式の記号、地図の微細な文字等々の処理まで、編集の浦田滋子さんにはいろいろとお世話になった。またギリシアの古典にかんする難解部分の解釈についてメールで明快なご教示をいただいたフランス国立科学研究所の研究員で歴史家のクレール・カプレール女史に、そして校正をふくめて貴重な助言でご協力いただいた北海道在住の旧友佐藤悠宣氏にも厚く感謝いたします。

二〇一四年七月

幸田礼雅

参考文献
（原書巻末）

古典的作品（文学作品とその他の記録）

ここに挙げる文学作品の大部分は大学叢書（コレクション・ビュデ）の対訳で編纂されている。それ以外の刊行でフランス語だけに訳された作品を挙げると，Garnier, Pléiade（*Historiens grecs* : Hérodote et Thucydides ; *Tragique grecs* : Eschyle et Sophocle ; Euripide ; *Présocratiques* ; Plutarque, *Les Vies des Hommes illustres*）, coll. de poche（Folio, Garnier-Flammarion, le Livre de poche）.—— J・オーフェアベックの *Die antiken Schriftquellen zur Geschichte der bildenden Künste bei den Griechen*, Hildesheim, 1959,（1re éd., Leipzig,1868）に集められた芸術作品と芸術家にかんする記録；さらに A. Reinach, *Recueil Millet : Textes grecs et latins relatifs à l'histoire de la Peinture ancienne*, I. Klincksiek, 1921（seul paru ; rééd. Macula,《Deucalion》, 1985）.—— 碑文にかんしては，M. N. Tod, *A Selection of Greek Historical Inscriptions, I : To the end of the Vth century B.C.*（2e éd. Oxford, 1946）et R. Meiggs, D. M. Lewis, *A Selection of Greek Historical inscriptions to the End of the Vth c.B.C.*（Oxford, 1969）; voir aussi B.D. Meritt, H. T. Wade-Gery, M. F. Mac-Gregor, *The athenian tribute lists*, Cambridge（Etats-Unis）, 1939-1953.

前五世紀の研究にとって有益な作品

P. Cloché, Le monde grec aux temps classiques, Payot, 1958 ; Fr. Chamoux, *La civilisation grecque à l'époque archaïque et classique*, Arthaud, 1963（rééd. en petit format, 1983）; P. Lévêque, *L'aventure grecque*, A. Colin, 1964（rééd. 1986）; H. Van Effenterre, *L'âge grec* : 520-270 av. J.-C., Larousse, 1986 ; Ch. Delvoye, G.Roux（et collab.）, *La civilisation grecque de l'Antiquité à nos jours*, Bruxelles, La Renaissance du Livre, 1969 ; F. Ruzé, M. C. Amouretti, *Le monde drec antique*, Hachette, 1978（rééd. 1990）.——政治，経済，社会 : G. Glotz, *La cité grecque*, La Renaissance du Livre, 1923（A. Michel, 1968）; V. Ehrenberg, *L'Etat grec*, Maspero, 1982 ; H. Van Effenterre, *La cité grecque. Des origines à la défaite de Marathon*, Hachette, 1985 ; V. Martin, *La vie internationale dans la Grèce des cités*（*VIe/IVe s.*）, Sirey, 1940 ; Cl. Mossé, *Les institution politiques grecques à l'époque classique*, A. Colin, « U2 », 1967 ; *La tyrannie dans la Grèce antique*, PUF, 1969 ; *Histoire d'une démocratie : Athènes*, Seuil, 1971 ; *La démocratie grecque*, éd. MA, 1986 ; T. A. Sinclair, *Hist. de la pensée politique grecque*, Payot, 1953 ; J. Bordes, *« Politeia » dans la pensée grecque jusqu'à Aristote*, LBL, 1982 ; P. Roussel, *Sparte*, De Boccard, 1939 ; P. J. Rhodes, *The Athenian Boulè*, Oxford, 1972 ; Ch. G. Starr, *The Birth of Athenian Democracy. The Assenbly in the Vth century*

B. C., Oxford, 1990 ; R. K. Sinclair, *Democracy and participation in Athens*, Cambridge, 1987 ; M. Austin, P. Vidal-Naquet, *Economies et sociétés en Grèce ancienne*, A. Colin, « U2 », 1972 ; P. Schmitt-Pantel, *La cité au banquet. Histoire des repas publics dans les cités grecques*, Rome , EFR, 1992 ; Y. Garlan, *La guerre dans l'Antiquité, Nathan*, 1972 ; *Les esclaves dans la Grèce ancienne*, Maspero, 1982 ; P. Ducrey, *Guerre et guerriers dans la Grèce antique*, Payot, 1985 ; W. K. Lacey *The Family in classical Greece*, Ithaca（New York）, 1968（rééd. 1989）D. Cohen, *Law sexuality and society : the enforcement of morals in Classical Athens*, Cambridge, 1991. ──哲学，科学，文学 : *The World of Athens : an introduction to classical Athenian culture*, Cambridge, 1984 ; J. de Romilly, *La loi dans la pensée grecque, des origines à Aristote*, LBL, 1971 ; *Problèmes de la démocratie grecque*, Hermann, 1975（Agora, 1986）; *Précis de littérature grecque*, PUF, 1980 ; W. Jaeger, *Paideia : La formation de l'homme grec*, Gallimard, 1964 ; P. Demont, *La cité grecque archaïque et classique et l'idéal de tranquillité*, LBL, 1990. ──宗教 : L. Bruit-Zaidman, P. Schmitt-Pantel, *La religion grecque*, A. Colin, 1989 ; M. Jost, *Aspect de la vie religieuse en Grèce*（*début du Ve s. à la fin du IIIe s. av. J.-C.*）, SEDES, 1992 ; I. Kasper-Butz, *Die Göttin Athena im Klassischen Athen : Athena als Repräsentatin des demoklatischen Staates*, Francofort, 1990. ──芸術 : *Democracy and classical culture*, Athèns, 1985（catal. d'une expostiotion au Musée national）; K. F. Johansen, *The Attic Grave Reliefs of the Classical Period*, Copenhague, 1951 ; Chr. W. Clairmont, *Classical Attic Tombstones*, Zurich, 1993 ; P. M. Fraser, T. Rönne, *Boeotian and West-Greek Tombstones*, Lund, 1957 ; W. Schild-Xenidou, *Boiotische Grabund Weih-reliefs arch. und klass. Zeit*, Munich, 1972 ; H. Biesantz, *Die thessalischen Grabreliefs*, Mayence, 1965 ; E. Pfuhl, H. Möbius, *Die ostgriechischen Grabreliefs*, Mayence, 1977-1979 ; B. Schmaltz, *Griechische Grabreliefs*, Darmstadt, 1983 ; U. Hausmann, *Griech. Weihreliefs*, Berlin, 1960 ; G. Neumann, *Probleme des griech.Weihreliefs*, Tübingen, 1979 ; B. Ashmole, *Architect and Sculptor in Classical Greece*, London, 1972 ; D. Haynes, *The Technique of Greek Bronze Statuary*, Mayence, 1992 ; J. Frel, *Panathenaic Prize Amphoras*, Athènes, 1973 ; M. Robertson, *The art of vase-painting in classical Athens*, Cambridge, 1992 ; J. Boardman, *Athenian Red Figure Vases : the Archaic Period*, London, 1975 ; *Athenian Red Figure Vases : the Classical Periode*, London, 1989 ; P. Moreno, *Pittura greca : da Polignoto ad Apelle*, Milan, 1987 ; A. D. Trendall, *Red Figure Vases of South Italy and Sicily*, London, 1989.

前五世紀に 一般的作品

G. Glotz, *Hist. grecque*, II : *La Grèce au Ve siècle*, PUF, 1936 ; Ed. Will, *Le monde grec et l'Orient*, I : *Le Ve siècle*（*510-403*）, PUF, 1972 ; J. Boardman, *Cambridge Ancient History*, IV : *Persia, Greece and the Western Mediterranean ca. 525 to 479 B.C.*, Cambridge, 2e éd., 1955 ; N. G. L. Hammond, *The Classical Age of Greece*, London, 1975 ; Ph. Gauthier, Cl. Mossé *et al., Athènes au temps*

de Périclès, Hachette, « Age d'Or et Réalités », 1964 ; K. W. Weber, *Perikles. Das goldene Zeitalter von Athen*, Munich, 1985 ; P. Devambez, *L'art au siècle de Périclès*, Lausanne, 1955 ; K. Schefold, *La Grèce Classique*, A. Michel, « L'art dans le monde », 1967 ; J. Charbonneaux, R. Martin, Fr. Villard, *Grèce classique*, Gallimard, « L'Univers des Formes », 1969 ; *Greek Art : Archaic into Classical*, ed. by C. G. Boulter（Cincinnati Classical Studies, V）, Leyde, 1985 ; L'esperimento della Perfezione : Arte e Società nell'Atene di Pericle, a cura di E. La Rocca, Milan, 1988.

政治，経済，社会 : P. Lévêque, P. Vidal-Naquet, *Clisthène l'Athénien*, LBL, 1964 ; P. Tozzi, *La Rivolta ionica*, Pise, 1978 ; A. Dascalakis, *Problèmes historiques autour de la bataille des Thermopyles*, de Boccard, 1962 ; O. Picard, *Les Grecs devant la menace perse*, SEDES, 1980 ; J. Carcopino, *L'ostracisme athénien*, F. Alcan, 1909 (éd. D'Auhoud'hui, 1984) ; J. Labarbe, *La loi navale de Thémistocle*, LBL, 1957 ; R. Meiggs, *The Athenian Empire*, Oxford, 1972 ; P. J. Rhodes, *The Athenian Empire*, Oxford, 1985 ; L. Homo, *Périclès, une expérience de démocratie dirigée*, R. Laffont, 1954, J. Hatzfeld, *Alcibiade. Etude sur l'hist. d'Athènes à la fin du Ve siècle*, PUF, 1951 ; O. Aurenche, *Les groupes d'Alcibiade, de Léogoras et de Teucros. Remarques sur la vie politique athénienne en 415 av. J.-C.*, LBL, 1974 ; E. Lévy, *Athènes devant la défaite de 404 ; hist. d'une crise idéologique*, de Boccard, 1976 ; D. Kagan, *The Fall of th Athenian Empire*, Cornell UP, 1987 ; J. Fr. Bommelaer, *Lysandre de Sparte*, de Boccard, 1981 ; V. Ehrenberg, *The People of Aristophanes : a Sociollogy of old Attic Comedy*, Oxford, 2e éd., 1951.

哲学，科学，文学 : J. Durchemin, *Pindare poète et prophète*, LBL, 1955 ; C. M. Bowra, Pindar, Oxford, 1964 ; J. Péron, *Les images maritimes de Pindare*, Klincksieck, 1974 ; D. O'Brien, *Pour interpréter Empédocle*, LBL, 1981; J. de Romilly, *Thucydide et l'impérialisme athénien*, LBL, 1947 ; *Histoire et raison chez Thucydide*, LBL, 1956（2e éd., 1967）; *La crainte et l'angoisse dans le théâtre d'Eschyle*, LBL, 1958（2e éd., 1971）; *L'évolution du pathétique, d'Eschyle à Euripide*, PUF, 1961（2e éd. 1980）; *La tragédie grecque*, PUF, « Sup », 1970（2e éd., « Quadrige », 1982）; *Le temps dans la tragédie grecque*, Vrin, 1971 ; *La modernité d'Euripide*, PUF, 1986 ; *Les grands sophistes dans l'Athènes de Périclès*, de Fallois, 1988 ; F. Heinimann, *Nomos und Physis : Herkunft und Bedeutung einer Antithese im gr. Denken des 5. Jahrhunderts*, Bâle, 1945 ; J.-P. Vernant, P. Vidal-Naquet, *Mythe et tragédie en Grèce ancienne*, I（Maspero, 1971）et II（La Découverte, 1986）; H. C. Baldry, *Le théâtre tragique des Grecs*, Maspero, 1975 ; O. Taplin, *The Stagecraft of Aeschylus*, Oxford, 1977 ; *Greek Tragedy in Action*, Berkeley, 1978 ; S. Saïd, *La faute tragique*, Maspero, 1978 ; *Sophiste et tyran, ou le problème du « Prométhée enchaîné »*, Klincksieck, 1985 ; A. Moreau, *Eschyle : la violence et le chaos*, LBL, 1985 ; K. Reinhardt, *Eschyle et Euripide*, Ed. Minuit,

1972 ; *Sophocle*, Ed. Minuit,1971 ; G. Kirkwood, *A study of Sophoclean drama*, Ithaca（Etats-Unis）, 1958 ; J. Lacarrière, *Sophocle dramaturge*, L'Arche, 1960 ; G. Germain, *Sophocle*, Seuil, 1965 ; G. Ronnet, *Sophocle poète tragique*, De Boccard, 1969 ; E. Delbecque, *Euripide et la guerre du Péloponnèse*, Klincksieck, 1951 ; R. Goossens, *Euripide et Athènes*, Bruxelles, 1962 ; F. Jouan, *Euripide et les légendes des Chants cypriens*, LBL, 1966 ; R. Aelion, *Euripide héritier d'Eschyle*, LBL, 1983 ; V. H. Debidour, *Aristophane*, Seuil, 1962 ; J. Taillardat, *Les images d'Aristophane*, LBL, 1965 ; P. Thiercy, *Aristophane, fiction et dramaturgie*, LBL, 1986 ; D. Roussel, *Les historiens grecs*, PUF, 1973 ; A. de Sélincourt, *L'univers d'Hérodote*, Gallimard, 1966 ; G. Lachenaud, *Mythologies, religion et philosophie de l'histoire dans Hérodote*, Champion, 1978 ; F. Hartog, *Le miroir d'Hérodote*, Gallimard, 1980 ; J. C. Riedinger, *Etude sur les Helléniques : Xénophon et l'histoire*, LBL, 1991 ; R. Joly, *Le niveau de la science hippocratique*, LBL, 1966 ; J. Jouanna, *Hippocrate*, Fayard, 1992.

芸 術, 建 築 : R. Carpenter, *The architects of the Parthenon*, London, 1970 ; G.W. Elderkin, *Problems in Periclean buildings*, Princeton, 1939（Wasgington, 1973）; H. Knell, *Perikleische Baukunst*, Darmstadt, 1979 ; R. Martin, *L'Acropole d'Athènes*, BNP, 1982 ; S. Woodford, *The Parthenon*, Cambridge, 1981 ; ——彫刻 : Ch. Picard, *Manuel d'archéologie grecque : la sculpture*, II : *Période classique : Ve siècle*, Picard, 1939 ; J. Charbonneaux, *La sculpture grecque classique*, I, éd. de Cluny, 1943（Gonthier, 1945）; J. Boardman, *Greek Sculpture : the Classical Period*, London, 1985 ; B. S. Ridgway, *The Severe style in Greek sculpture*, Princeton, 1970 ; *Vth century styles in Greek sculpture*, Princeton, 1981 ; P. Jacobsthal, *Die melischen Reliefs*, Berlin, 1931 ; H. Prückner, *Die lokrischen Tonreliefs*, Mayence, 1968 ; R. Tölle-Kastenbein, *Frühklass. Peplosfiguren*, Mayence, 1980 ; E. Berger, *Das Basler Arztrelief. Studien zum griech. Grabund Votivrelief um 500 v. Chr. und zur vorhippokratischen Medizin*, Bâle, 1970 ; H. Hiller, *Ionische Grabreliefs der ersten hälfte des 5. Jahrhunderts v. Chr.*, Tübingen, 1975 ; S. Brunnsäker, *The Tyrant-slayers of Kritios and Nesiotes*, Lund, 1955 ; P. Orlandini, *Calamide*, Bologne, 1950 ; Fr. Chamoux, *L'Aurige de Delphes*（*Fouilles de Delphes* IV, 5）, de Boccard, 1955（rééd. 1989）; *La statua marmorea di Mozia e la scultura di stile severo in Sicilia*（Istituto di Archeologia, Univ. di Palermo : Studi e materiali, 8）, Rome, 1988 ; J. Dörig, *Onatas of Aegina*, Leyde, 1977 ; *The Olympia master and his collaborators*, Leyde 1987 ; B. Ashmole, N. Yalouris, *Olympia, The sculptures of the Temple of Zeus*, London, 1967 ; *Due Bronzi da Riace : rinvenimento, restauro, analisi ed ipotesi di interpretazione*（*Bollettino d'Arte*, série spéciale, nos 3/I et II）, Rome, 1984 ; P. E. Arias, *Mirone*, Florence, 1940 ; *Policlete*, Milan, 1964 ; Th. Lorenz, *Polyklet, Doryphoros*, Stuttgart, 1966 ; D. Arnold, *Die Polykletnachfolge*, Berlin, 1969 ; H. Beck, P. C. Bol, M. Bückling（*et al.*）, *Polyklet. Der Bildhauer de griechischen Klassik*, Mayence, 1990（catal.

d'une exposition à Francfort) ; E. Langlotz, *Phidiasprobleme*, Francfort, 1947 ; G. Becatti, *Problemi Fidiaci*, Milan-Florence, 1951 ; C. Blümel, *Phidiasische Reliefs und Parthenonfries*, Berlin, 1957 ; Fr. Brommer, *The Sculptures of the Parthenon*, London, 1979 ; J. Boardman, D. Finn, *The Parthenon and its Sculptures*, London, 1985 ; E. Berger, *Der Parthenon in Basel : Dokumentation zu den Metopen*, Mayence, 1986 ; N. Leipen, *Athena Parthenos, a reconstruction*, Toronto, 1971 ; B. Schlörb, *Untersuchungen zur Bildhauergeneration nach Phidias*, Waldsassen, 1964 ; W. H. Schuchhardt, *Alkamenes*, Berlin, 1977 ; H. Koch, *Stud. zum Theseustempel in Athen*, Berlin, 1955 ; J. Dörig, *La frise Est de l'Héphaïsteon*, Mayence, 1985 ; A. Leibndgut, *Künstlerische Form und konservative Tendenzen nach Perikles : ein Stilpluralismus im 5. Jahrhundert v. Chr. ?*, Mayence, 1989 ; R. Carpenter, B. Ashmole, *The sculpture of the Nike temple Parapet*, Cambridge (Etats-Unis) , 1929 ; Ch.Hofkes-Brukker, A. Mallwitz, *Der Bassai-Fries*, Munich, 1975 ; ——絵画と壺絵 ; E. Löwy, *Polygnot*, Vienne, 1929 ; R. B. Kebric, *The paintings in the Cnidian Leschè at Delphi and their historical context*, Leyde, 1983 ; J. D. Beazley, *Der Berliner Maler*, Berlin, 1930 (= *The Berlin Painter*, Mayence, 1974) ; *Der Kleophrades-Maler*, Berlin, 1933 (= *The Kleophrades Painter*, Mayence, 1974) ; *Der Pan Maler*, Berlin, 1931 (= *The Pan Painter*, Mayence, 1974) ; A. B. Follmann, *Der Pan-Maler*, Bonn, 1968 ; D. C. Kurtz, *The Berlin Painter*, Oxford, 1982 ; E. Kunze-Götte, *Der Kleophrades-Maler unter Malern schwarzfiguriger Amphoren*, Mayence, 1992 ; A. Cambitoglou, *The Brygos Painter*, Sydney, 1968 ; M. Wegner, *Brygosmaler*, Berlin, 1973 ; *Duris*, Münster, 1968 ; D. Buitron-Oliver, *Douris*, Mayence, 1993 ; E. Papoutsaki-Serbeti, *Le peintre de Providence* (en grec) , Athènes, 1983 ; T. B. L. Webster, *Der Niobiden-maler*, Leipzig, 1935 ; H. Diepolder, *Der Penhtesilea-Maler*, Leipzig, 1936 (Mayence, 1976) ; H. R. W. Smith, *Der Lewismaler*, Leipzig, 1939 (Mayence, 1974) ; J. H. Oakley, *The Phiale painter*, Mayence, 1990 ; Ch. Dugas, *Aison et la peinture céramique à Athènes à l'époque de Périclès*, H. Laurens, 1930 ; A. Lezzi-Hafter, *Der Schuwalow-Maler : eine Kannenwerkstatt der Parthenonzeit*, Mayence, 1976 ; *Der Eretria-Maler*, Mayence, 1988 ; G. Nicole, *Meidias et le style fleuri dans la céramique attique*, Genève, 1908 ; W. Hahland, *Vasen um Meidias*, Berlin, 1930 (Mayence, 1976) ; G. Becatti, *Meidias. Un manierista antico*, Florence, 1947 ; L. Burn, *The Meidias painter*, Oxford, 1987 ; W. Real, *Stud. zur Entwicklung der Vasenmalerei im ausgehenden 5. Jahrhundert v. Chr.*, Münster, 1973 ; E. Pottier, *Etude sur les lécythes blancs attiques à représentations funéraires*, A. Fontemoing, 1883 ; L. D. Bearzley, *Attic White Lekythoi*, London, 1938 ; D. C. Kurtz, *Athenian White Lekythoi : Patterns and Painters*, Oxford, 1975 ; J. R. Mertens, *Attic White Ground : its Development on Shapes other then Lekythoi*, New York, 1977 ; I. Wehgartner, *Attische weissgrundige Keramik*, Mayence, 1983 ; A. D. Trendall, *Frühitaliotische Vasen*, Leipzig, 1938 (= *Early South Italien Vase Painters*, Mayence, 1974) .

参考文献
（訳者による）

邦語

AE　アラン・ヴィアラ『演劇の歴史』（高橋信良訳），文庫クセジュ，2008 年．

AST　アイスキュロス／ソポクレス（高津春繁編），筑摩書房，1981 年．

CLG　Cl. モセ『ギリシャの政治思想』（福島保夫訳），文庫クセジュ，2004 年．

CP　M. コリニョン『パルテノン』（富永惣一訳），岩波書店，1978 年．

GK　ピエール・グリマル『古代ギリシア・ローマ演劇』（小苅米晛訳），文庫クセジュ，1979 年．

HG　古川晴風『ギリシャ語辞典』，1989 年．

HK　久光重平『西洋貨幣史・上』，1996 年．

HR1　ヘロドトス『歴史（上）』（松平千秋訳），岩波書店，2008 年．

HR2　ヘロドトス『歴史（中）』（松平千秋訳），岩波書店，2008 年．

HR3　ヘロドトス『歴史（下）』（松平千秋訳），岩波書店，2008 年．

HT　『哲学事典』平凡社，1997 年．

JS　ジャン・ユレ『シチリアの歴史』（幸田礼雅訳），文庫クセジュ，2013 年．

KS　『建築大辞典』彰国社，1984 年．

MM　A.W. ムーア『無限――その哲学と数学』（石村多聞訳），1996 年．

NB　『ビジュアル版西洋建築史、デザインとスタイル』（長尾重武他編著），丸善，1996 年．

PE2　プルタルコス『英雄伝２』（柳沼重剛訳）．

PG　プラトン『ゴルギアス』（プラトン全集 9）（加来彰俊訳），1980 年．

PP　プラトン『プロタゴラス』，（藤沢令夫訳），1988 年．

PS　ピンダロス『祝勝歌集／断片選』（内田次信訳），2001 年．

RB　リュシアス『弁論集』（細井敦子他訳），2001 年．

RF　『ロベール仏和大辞典』小学館，1988 年．

RFG　ロベール・フラスリエール『ギリシアの神託』（戸張智雄訳），文庫クセジュ，1963 年．

RS　ジルベール・ロメイエ=デルベ『ソフィスト列伝』（神崎／小野木訳），文庫クセジュ，2003 年．

SA　澤田典子『アテネ民主政』講談社，2010 年．

SG　澤柳大五郎『ギリシャの美術』岩波新書，1972 年．

SH　桜井万里子『ヘロドトスとトゥキュディデス』2006 年．

SF　小学館ロベール仏和大辞典，1988 年．

TR1　トゥキュディデス『歴史 1』（藤縄謙三訳），2002 年．

TR2　トゥキュディデス『歴史 2』（城江良和訳），2003 年．

XG1　クセノポン『ギリシャ史１』（根本英世訳），2004 年．

XG2　クセノポン『ギリシャ史２』（根本英世訳），2004 年 .
WG　スーザン・ウッドフォード『ギリシャ・ローマの美術』（青柳／羽田訳）岩波書店，1989 年 .

CPG　Claude Orieux, Pauline Schmitte Pantel, *Histoire grecque*, 1995.
CD1　Claude Mosse, *Histoire d'une démocratie* : Athenes, 1971.
CD2　Claude Mosse, *HISTOIRE DES DOCTRINES POLITIQUES EN GRECE*, 1989.
CD3　CLAUDE MOSSE, *PÉRCLÈS, L'inventeur de la démocratie*, 2005.
GA　GUY RACHET, *DICTIONNAIRE DE L'ARCHEOLOGIE*, 1983.
GG　GUSTAVE GLOTZ, *THE GREEK CITY AND ITS INSTITUTIONS*, 1969.
JG　JAZQUELINE DE ROMILLY, *LA GRANDEUR DE L'HOMME AU SIÈCLE DE PÉLICLÈS*, 2012.
LP　Léon Homo, *Périclès*, 1954.
SP　Silver Perez, *La scandaleuse de Périclès*, 2012.
PF　Pierre Brule, *LES FEMMES GRECQUES A L'ÉPOQUE CLSSIQUE*, 2001.

訳者略歴
幸田礼雅（こうだ・のりまさ）
一九三九年生まれ、一九六六年東京大学仏文科卒業。
主要訳書
R・エスコリエ『ドーミエとその世界』（美術出版社）、A・フェルミジエ『ロートレック』（美術公論社）、ヘンリー・H・ハート『ヴェネツィアの冒険家』（新評論）、C・カプレール『中世の妖怪、悪魔、奇跡』（新評論）、ジャン＝ロベール・ピット『ワインの世界史』（原書房）、T・ランツ『ナポレオン三世』、G・ミノワ『ガリレオ』、P・ギショネ『イタリアの統一』、J・ユレ『シチリアの歴史』（以上、白水社文庫クセジュ）他多数

ペリクレスの世紀

二〇一四年 八 月一〇日 印刷
二〇一四年 八 月三〇日 発行

訳　者 © 幸 田 礼 雅
発行者 及 川 直 志
印刷所 株式会社 平河工業社
発行所 株式会社 白 水 社

東京都千代田区神田小川町三の二四
電話 営業部〇三（三二九一）七八一一
　　 編集部〇三（三二九一）七八二一
振替 〇〇一九〇―五―三三二二八
郵便番号一〇一―〇〇五二
http://www.hakusuisha.co.jp
乱丁・落丁本は、送料小社負担にてお取り替えいたします。

製本：平河工業社
ISBN978-4-560-50993-7
Printed in Japan

文庫クセジュ

歴史・地理・民族(俗)学

文庫クセジュ

865 ヴァイマル共和国
870 ビザンツ帝国史
871 ナポレオンの生涯
872 アウグストゥスの世紀
876 悪魔の文化史
877 中欧論
879 ジョージ王朝時代のイギリス
882 聖王ルイの世紀
883 皇帝ユスティニアヌス
885 古代ローマの日常生活
889 バビロン
890 チェチェン
896 カタルーニャの歴史と文化
897 お風呂の歴史
898 フランス領ポリネシア
902 ローマの起源
903 石油の歴史
904 カザフスタン
906 フランスの温泉リゾート
911 現代中央アジア
913 フランス中世史年表
915 クレオパトラ
918 ジプシー
922 朝鮮史
925 フランス・レジスタンス史
928 ヘレニズム文明
932 エトルリア人
935 カルタゴの歴史
937 ビザンツ文明
938 チベット
939 メロヴィング朝
942 アクシオン・フランセーズ
943 大聖堂
945 ハドリアヌス帝
948 ディオクレティアヌスと四帝統治
951 ナポレオン三世
959 ガリレオ
962 100の地点でわかる地政学
964 100語でわかる中国
966 アルジェリア戦争
967 コンスタンティヌス
974 ローマ帝国
979 イタリアの統一
981 古代末期
982 ショアーの歴史
985 シチリアの歴史
986 ローマ共和政
988 100語でわかる西欧中世
993 ペリクレスの世紀

文庫クセジュ

社会科学

357 売春の社会学
396 性関係の歴史
483 社会学の方法
616 中国人の生活
654 女性の権利
693 国際人道法
717 第三世界
740 フェミニズムの世界史
744 社会学の言語
746 労働法
786 ジャーナリストの倫理
787 象徴系の政治学
824 トクヴィル
845 ヨーロッパの超特急
847 エスニシティの社会学
887 NGOと人道支援活動
888 世界遺産
893 インターポール
894 フーリガンの社会学
899 拡大ヨーロッパ
907 死刑制度の歴史
917 教育の歴史
919 世界最大デジタル映像アーカイブ INA
926 テロリズム
933 ファッションの社会学
940 大学の歴史
946 医療制度改革
957 DNAと犯罪捜査